大是文化

上市一年中國與亞馬遜銷量破一百七十萬冊
抖音破天荒推薦為「入社會必讀」三書之一

說對一句話，

99%的事都能解決

說不出口、說了後悔、說不到重點……
你可以一句話搞定。

U0020882

資深文案、企劃、
暢銷書作家
李勁 代表作

CONTENTS

推薦序一 培養口語表達力，人際溝通沒問題／張忘形 09
推薦序二 言語是壯大內心的最強武器／鄭志豪 11
前　言 會說話的人，生活滿意度比較高 15

第一章 說話得體的人，掌握了哪些關係？ 17
1 這樣講不是在誇你，而是試探和警告 18
2 放低姿態，不要太把自己當回事 22
3 再熟，也不能用「你還沒死啊？」問候 26
4 大話小說、重話輕說、狠話柔說 31
5 低調做人，路才會越走越寬 36
6 成熟是不阻止自己的情緒，但能處理 41

第二章 直率和白目，只有一線之隔 47

1 話說三分，點到為止更有分量 48
2 正話要反說，反話要正說 53
3 認清自己的職權，是職場基本原則 58
4 缺乏謙虛的自信，叫做傲慢 63
5 你總對親密的人苛刻，對陌生人客氣？ 67
6 背後讚美比當面讚美，效果更好 72
7 一句好話，能溫暖人心 77

第三章 理直更要氣和，不生氣的說話藝術 81

1 生財第一步，養氣功夫不可少 82
2 不揭人短，是做人的基本素養 87
3 好好說對不起，不須下跪也能化解衝突 92

4 有理更要讓三分……96
5 硬話軟說，保留對方的面子……101
6 嘴狠，贏一時；心寬，贏一世……104
7 多把別人掛嘴邊，少吹捧自己……109

第四章 把無聊說到感動，我一定要跟你聊超過15分鐘……113

1 有梗，就能聊出好人緣……114
2 尷尬的事要幽默的說……119
3 自嘲，是最不傷人的圓場……124
4 別直來直往，加點調味，一點……129
5 再好的關係，有三種玩笑開不得……135

第五章 好好說話，做一個讓人感覺舒服的人……141

1 失敗時反省自己，成功時感謝他人……142
2 對待利益，先小人後君子才能互惠互利……148
3 吃虧的同義詞：合作與雙贏……153
4 幫助別人的事，最好做完就忘……158
5 求見，還是求教？結果大不同……163
6 不要幫了別人，就成了高高在上的貴人……168
7 面笑、嘴甜，少麻煩……173

第六章 「自以為是」的善意更傷人……177

1 再親密的人，也要哄、誇、讚……178
2 惡語傷人六月寒……183
3 批評的眉角不是內容，是語氣……187

4 世上沒有不透風的牆，少在背後議論人……192
5 最糟的批評：「怎麼又是你！」……196
6 用提醒代替批評，對方會自己找到錯誤……200
7 客套的讚美，效果超乎想像……204

第七章

講話沒人聽？這樣說，99%的人心甘情願照著做……209
1 聊他的興趣，他會對你有興趣……210
2 「廢話」也是場面話，說得好更受歡迎……214
3 我是站在你這邊的……219
4 善用例子和數字，他會對你更感興趣……224
5 激將法有用，得要小心使用……229
6 重點不是說什麼，而是怎麼說……234

第八章 尷尬又冷場，怎麼解？ 239

1 啊！你看，有流星！ 240
2 給人臺階下，他會感激你 246
3 幫人圓場，不要忽略別人的感受 251
4 亂入，是非常不禮貌的行為 256
5 無關得失，就不要太計較 262
6 聊天梗在哪？天氣、新聞都是 267
7 失意人面前，不說得意事 271
8 臉跟名字總是記不起來，怎麼救？ 275

第九章 明明是拒絕，卻能使人很溫暖 281

1 拒絕的話也需要穿上衣服 282
2 不知道怎麼說，那就不要說 287

3 對於這件事，我有一個建議⋯⋯ 290
4 趁他還沒說出口，轉移話題 294
5 裝糊塗，一點都不糊塗 298

推薦序一

培養口語表達力，人際溝通沒問題

溝通表達培訓師／張忘形

每次寫推薦序，我總是掙扎很久。因為我必須把整本書看完，並且真實的說出個人評斷。本書中所教的並不全然是說話的話術，還有人際相處的智慧。所以如果你在人際相處中，也有不知道哪裡得罪了人，或是遇到一些棘手的情境不知道怎麼辦，例如怎麼樣拒絕對方才好？或是想告訴對方缺點時該怎麼說？在這本書中，都有很棒的例子可以參考。

記得最先接觸的溝通書就是卡內基，概念就是用故事帶出一個我們可能要知道的點，並且做出一些論述，然後在結論中提醒這篇文章裡重要的內容。

這本書的概念也是，作者先將大家帶入一個情境故事，讓你閱讀起來不會感受到壓力，然後再帶出各種溝通的技巧。但如果你就只是看過去，不免有點可惜。當我們看著每一個故事中主角的對話及互動時，我們可以想想在周遭的生活中，有沒有發生過類似的事情？自己在那個當下，又是怎樣處理這個環節呢？

例如我看到其中一篇，說的概念是廢話也是場面話的一種，我一開始不太能理解，覺得平常說的廢話應該是滿令人討厭的吧。但後來就發現，所謂的廢話，並不是完全沒有幫助的話，而是能夠藉由一個開頭，引出後面的交流。

於是我開始思考，身邊很多人緣好的人，還真的不是一見面就告訴你什麼厲害的東西。而是先藉由一些愉快的對話暖身，在快速的拉近距離後，才說出他們要說的內容。這讓我想到很多厲害的業務，業績之所以好，不是因為他很會賣，而是因為他很會聊天，並且從聊天中找到能夠和你連結的點，最終他提出來的建議或商品，絕對是深得你心。

如果這本書只用看的，我覺得幫助很有限。如果可以，請挑出幾個有感覺的原則和想法，甚至是去檢視自己平常的溝通模式，然後寫下屬於自己可行的實務方法。當我們能把這些智慧用在生活之中，你肯定會發現表達對於人際關係的影響，原來如此之大！

推薦序二

言語是壯大內心的最強武器

「一談就贏」創辦人、國際權威談判講師／鄭志豪

話怎麼說，重不重要？當然重要。然而，只要「存好心，做好事」，就一定會自然而然的說出好話嗎？可沒那麼簡單。

我創立的「一談就贏」課程，是目前國內最熱門的談判課程。和許多人想的不同，我們的課程並不把重心放在話術上。難道是因為話術沒那麼重要嗎？其實並不是，只是我當初認為，國內已經有很多其他課程著重在說話技巧或表達能力上了，所以就讓「一談就贏」更著重在正確的觀念及架構上。

沒想到，即使如此，許多人還是在說話應對上經常出錯，幸好，有這本好書，不僅教人如何把話說好，而且從觀念到做法一應俱全。

懂得說話有多重要？首先，你起碼可以讓自己不會有更多遺憾。

曾有一家知名的冰淇淋業者，因為弄錯出餐順序和對應態度的小問題來跟我道歉。只是個小問題，他卻花了很多時間來跟我解釋事情的始末，而且好像試著要說服我，其實事發過程和我想的不一樣。但假如真的想道歉，不是應該要讓顧客心情變好嗎？怎麼會變成在爭是非呢？

這可不是教大家要不分是非的鄉愿，但反過來說，很多人在捍衛自己立場的同時，無意間就會否定對方，但沒有人喜歡被否定，尤其是已經被你得罪的顧客更不喜歡，所以與其把目標放在說服對方，不如把目標放在修補與對方之間的關係還比較有意義。

不只生意上的往來，人與人之間的相處更需要合宜的說話及應對。我有一位朋友，為人相當熱心，但經常無意間得罪人。他不去檢討自己哪裡說話或做事出差錯也就算了，還經常把自己的委屈講給大家聽，就好像別人都誤會他的用心，個個都像狼心狗肺一樣；更糟的是，到後來甚至變成只要旁人不主動幫他想，就不夠朋友一樣。久而久之，這樣的情感綁架讓大家很有壓力，也越來越少人敢跟他說真話了。

相信每個人周遭可能都有不少這種「朋友」，本書有一章很適合送給他們：〈直率和白目，只有一線之隔〉。我在上課時經常提到一個相近的概念：假如要示人以禮的話，凡事在口頭上讓自己低人一階，就不容易得罪人。

舉例來說，當我在課堂上請一位學員發表意見時，我可能會客氣的說：「麻煩請麥可哥幫大家說明一下。」假如對方謙讓一番，回說：「我哪懂什麼？當然要請老師跟我們說明。」我也不會就真的覺得自己本來就比對方懂而侃侃而談，而是會進一步相讓的說：「還是請麥可哥多多指教。」但對方也可能還是不從的反過來請我方指教，這時我甚至會更客氣的說：「還是要請麥可哥多給我們指導。」講到這裡，給對方的面子也做足了，當然更不會有盛氣凌人的問題了。

真性情從來就不是問題，但假如因為自己的表達方式錯誤，反倒造成誤會或齟齬的話，那就得不償失了。

這個社會不免還是有許多說起話來冠冕堂皇的自私小人，明明這些人的所作所為都好像良心被狗吃了一樣，但偏偏他們連推卸責任都好像比別人多了幾分道理。想要讓自己不被這種人占便宜，請先從閱讀本書做起，別被別人的牙尖嘴利抹煞了自己的真誠熱心。

前言
會說話的人，生活滿意度比較高

我們必須正視這樣的現實：在工作與生活中，那些語言表達能力強的人，往往有很好的人緣，與同事相處融洽，深受老闆賞識，因而更容易獲得升遷機會。而那些語言表達能力有所欠缺的人，則往往默默無聞，被人忽視，甚至有時還會因為不會說話而得罪人，影響人際關係，結果事事不順。

毫無疑問，語言表達能力的強弱，關係到人生能否成功。美國人類行為科學研究者湯姆森（Thomson）曾說：「發生在成功人士身上的奇蹟，至少有一半是由口才創造的。」

事實上，良好的語言表達能力，不僅能幫助人們獲得成功，還能給人帶來幸福。會講話的人，不只是在職場上如魚得水，在家庭生活中也能獲得更和睦的關係。根據科學家研究發現，那些性格開朗、會說話的人，對生活的滿意度遠遠高於那些不善說話的人。

既然良好的語言表達能力如此重要，那麼，究竟怎樣才能擁有它呢？實際上，大多數人都擁有語言表達能力，之所以沒有發揮出它無窮的威力，只是因為不懂如何使用它。也就是說，絕大多數人的表達能力不差，只是不懂運用罷了。

比如，經常說話，但不必說得太長；要學會講故事，但不能總是敘述故事；和人談話的同時，也要注意態度；應當和順一些，切忌指手畫腳的講話；平常說話時，要避免爭論，切忌妄自尊大；談話時，要與對方面對面……。

很多時候，我們之所以會輸在語言表達上，都是因為不注意一些細節問題。其實，這些問題經過後天的專業訓練，都可以改變。無數人透過親身經歷證明：只要掌握了正確的訓練方法，平時勤加練習，即使原來語言表達很糟糕，最終也可以練好。

本書總結出了一整套易練習、見效快的語言表達訓練方法。生活中什麼樣的人最受歡迎？什麼樣的話語最動人？我們認為，有禮貌的人最受歡迎，有禮貌的話語最動人心。閱讀本書，你會發現，語言表達絕不僅是一件工具，還是一門真正的生活藝術。

第一章

說話得體的人，
掌握了哪些關係？

1 這樣講不是在誇你，而是試探和警告

有些事情擺在檯面上講，可能不太合適，含蓄說話，是一種留有餘地的做法。

西漢名相蕭何善於理政，卻不懂提建言的方法。他看到長安一帶耕地狹小，百姓缺衣少食，可是皇家的上林苑中卻有許多荒地用來放養禽獸。於是他就跟劉邦提建言，希望能把這些荒地分給百姓去耕種。

沒想到劉邦看了蕭何的奏章，很不高興，叫人將蕭何抓進牢裡關了起來。大家以為蕭何犯了很嚴重的過錯，都不敢替他申辯。這個時候，有個叫王衛尉的侍衛，平時很敬佩蕭何的為人，與劉邦交談時，他順便探問：「蕭相國犯了什麼大罪？」

劉邦餘怒未消的說：「不要提他，一提起他，我就生氣。想當年李斯做

秦相時，做了好事就會提到君主的心血和功勞，出了差錯就會主動承擔責任。現在蕭何要求我開放上林苑給百姓耕種，難道就只有他是好人，而我是無道的昏君嗎？」

王衛尉聽了，才知道劉邦心裡的不舒服，便說：「陛下，你未免錯疑相國了。相國要是有這樣的心思，當年陛下在外征戰數年，他就可以輕而易舉的坐據關中，何至於要用區區御苑示好百姓、收買人心呢？」

劉邦聽了，覺得有幾分道理，心裡雖然不大高興，但還是感念蕭何的為國之心，當天就命人放了蕭何。當時，蕭何已經六十多歲了，從牢裡出來，身上戴著刑具，蓬頭赤足、汙穢不堪，也不敢回府沐浴，趕緊上殿去謝恩。

劉邦見到蕭何狼狽的樣子，心中過意不去，安撫蕭何：「相國，你不要多禮了！這次你為民請願，我不允許，這是我的錯。我是一個無道的天子，你是一個賢德的丞相。我之所以關押你，就是因為要讓百姓知道你的賢能和我的過失啊！」

劉邦話裡有話，但意思卻很明白。蕭何聽了，總算明白自己的問題，便哭拜在地，連忙請罪。

在這個故事裡，蕭何因為不懂提意見的技巧，結果差點招致殺身之禍。回過頭來看劉邦說的話，雖含蓄，卻是值得我們研究的。

無獨有偶，劉備臨終前也說過一番含蓄的話。他對諸葛亮說：「如果劉禪可以輔佐，你就好好輔佐他；如果他沒有才能，你就取而代之吧。」

聽了這番話，諸葛亮的表現不是謝恩，而是虛汗淋漓的哭拜於地，把頭都磕破了，說：「臣願鞠躬盡瘁，死而後已。」

如果我們不懂得含蓄說話的藝術，可能就聽不出劉備話中深意。我們可以想一想，這些古代君王，都是野心勃勃之輩，忙碌一輩子，打下一片基業，怎麼可能拱手讓給一個外人？諸葛亮多聰明啊，一下就知道劉備話裡的深意。這樣的話語有試探的味道，或許還有警告的意思。

有些事情擺在檯面上講，可能不太合適，含蓄的表達尤為重要。就像劉邦，他心裡想：「蕭何這樣收買人心，想做什麼？」但他並沒有直接對蕭何說。劉備也一樣採取了含蓄的說法，如果劉備對諸葛亮說：「你發個誓，若奪走我兒的帝位，就不得好死！」如果你是諸葛亮，心裡會怎麼想？你肯定會很不悅。

含蓄說話，是一種留有餘地的做法，有利於改善彼此的關係。只有涉世未深的人，才會直接對人表達不信任，將雙方的關係逼入死角，而失去迴旋的餘地。

劉備沒有這樣直來直去的說，而是很含蓄的說。這話很有水準，表面上聽起來讓人感動，而到了聰明人耳裡，便是「於無聲處聽驚雷」，足以產生警醒的效果。這就是含蓄的妙處。

說話的智慧

到了現代，我們說話依然含蓄，有些話甚至含蓄得讓人很難理解。比如，我們會說：「我不確定這樣是不是能夠實行」，其潛臺詞往往是「這根本行不通」；又如「或許你可以去詢問一下別人的看法」，其潛臺詞往往是「你問我也沒用」；再比如「你可能還不太了解」這句話，或許真正的意思是「你的腦子『進水』了嗎？連這都不懂。」像這樣的含蓄之語，若你不懂，往往很難領會說話之人的心思。

2 放低姿態，不要太把自己當回事

如果你總是把自己當作珍珠，那麼就隨時有被埋沒的危險。

儒家聖賢孔子講過一個故事。有一個叫孟之反的將軍，在整個軍隊打了敗仗的時候，他勇敢的帶領軍隊列陣，並為整支軍隊殿後。等到安全回城後，大家都讚揚他，他卻回道：「不是我特別勇敢，實在是我的馬不肯走啊！」孟之反的勇敢有目共睹，但是他並沒有因此而趾高氣揚、大彰其能，相反的，他選擇了謙虛，因而人們更加喜歡他了。

東方人崇尚謙虛。說話也是這樣，自命不凡、愛出風頭的人，是很難給人留下好印象。

小梁畢業於名校，而且能力出眾。剛到職時，同事們都很喜歡他，常幫助他。然而，這種狀況只持續了幾個月。突然有一天，小梁發現同事們漸漸疏遠他了，連主管也時常刁難他，這樣的轉變讓小梁百思不解。原來，他是一個喜歡出風頭的人，而且不太謙虛，因此大家都不太願意接近他。

有一次，有位同事的電腦遇到一點小問題，便叫另一位同事幫忙修理。旁邊的小梁特別熱心，當場就將工具搶了過來，俐落的拆開了電腦，一邊修理，一邊對那位同事說：「這麼簡單的事都不會做，你真笨。」電腦修理好了，那位同事連連道謝，但心裡卻覺得很不舒服。

像這樣的事情發生了好多次，同事們心裡越來越不是滋味。坦白的說，小梁這個人心眼不壞，做事也很勤快，就是說話不太客氣，因此，搞得大家都很不喜歡他。

可見，人應適當的表現自己，但不要胡亂說話。在關鍵的時候，突出自己，贏得他人的關注，這是非常有必要的。但是，要有張有弛，要學會收斂、客氣，要懂得低調，如果表現出一副很了不起的樣子，自我標榜而貶抑他人，那就不合適了。人要虛懷若谷，對人對事不要驕狂，否則就會使自己四面楚歌，被他人識笑。總之，謙遜是通往成功和贏得人們尊重的美德。

春秋時，晏嬰任齊國的國相，一天乘車出門，只見車上遮著大傘，車夫趕著四匹馬，駕著車子，得意揚揚。車夫的妻子從門縫裡窺視自己的丈夫，看到了他趾高氣揚的樣子。不久，車夫回家，妻子請求離去。

車夫問：「妳為什麼要走？」

妻子說：「晏子高不過六尺，而位居國相，名顯諸侯。今天我看見他外出去，卻意志深沉、謙虛謹慎。而你身高八尺，只是給人駕車，你卻自以為了不起，所以我要離去。」

聽了妻子的話，車夫慚愧不已。自此以後，車夫變得謙恭退讓。晏子對於車夫的改變感到很奇怪，問他為什麼有這種變化，車夫如實相告，於是，晏子舉薦他去做一些更重要的工作。

坦誠謙虛的生活，沒有誰會把你看成是卑微、怯懦和無能的人。如果你總是把自己當作珍珠，那麼就隨時有被埋沒的危險。因此，我們應該認真檢視自己，找到自己的所處位置，問自己一句：「我是誰？」

人出於一種需要，希望別人注意到自己，不喜歡被別人忽略，這是人性的弱點。絕大多數人不僅喜歡別人的關注，甚至還會錯誤的以為自己與眾不同、勝人一籌，也因此，他們沾沾自喜、驕傲自滿，直到最後，才發現自己與人無異，從而使情緒跌落至谷底。

為了少些失落、少些尷尬，還是不要太把自己當回事，謙虛一點比較好。如果太把自己當回事，即使心不累，也難免遭遇一些尷尬的人際狀況。

★說話的智慧

儘管我們可能會因為某個人的豪言壯語而激奮，但是沒有幾個人會喜歡自以為了不起的人。我們可以激揚自己的志氣，但切不可自以為是、賣弄聰明，以為自己有多麼了不起。謙虛的表達，會讓你更受歡迎。相反的，狂妄的賣弄，則會惹來他人的非議和反感。

3 再熟，也不能用「你還沒死啊？」問候

不論你與某個人多麼熟悉，想打擾對方時最好是事先告之。

有一對來自中國的夫妻應邀到紐約，參加一個美國朋友的聚會。這對夫妻刻意做足準備，穿著盛裝來到朋友家。朋友很好客，將這對夫妻迎進門，問他們需要喝點什麼飲料。夫妻倆趕緊客氣的說：「不用、不用，你忙你的，不用管我們，我們不渴。」

主人正忙著招待其他客人，聽他們這麼一說，便什麼飲料都沒拿給他們，以示對他們的尊重，轉而去招呼其他客人了。結果，這對中國夫妻的客氣和美國朋友的率真，導致中國夫妻整個晚上都沒能喝到一口飲料，口乾舌燥卻又只能強行忍受。

若是這對夫妻是在自己國家做客，就不會遭遇這種尷尬了。因為東方人的某些客氣是共通的，彼此心照不宣，通常都能明白對方的意思。比如，家裡來了朋友，主人要倒茶時，客人通常也會客氣的推辭，連聲說：「不渴、不渴。」但主人往往明白那只是客氣話，所以，茶水還是要端上來，客人也還是要喝茶，習慣了客氣也就不覺得有什麼彆扭。

而要是家裡來了一位外國朋友，通常主人要倒飲料時，他們的第一反應不是客氣的推辭，而是向主人道謝，有時還會告訴主人，他想要品嘗什麼飲料。

一個外國男人，見到一對年輕的中國夫妻，他主動讚美那位妻子：「你的夫人真漂亮，我都被她迷住了！」

中國丈夫回答：「哪裡、哪裡。」

外國人不懂東方人的客氣，又進一步解釋：「鼻子漂亮、眼睛漂亮。」

中國丈夫的回答依舊是：「哪裡、哪裡。」

「怎麼還問哪裡啊？」外國人心裡覺得奇怪，只好又說：「頭髮漂亮、身材也漂亮。」

中國丈夫的回答照舊是：「哪裡、哪裡。」

假如外國朋友不懂東方人的客氣，恐怕他此生都繞不出這類語言迷宮了。這就是中外民族心理的差異，外國人說話做事通常比較直率，而東方人則比較委婉，喜歡心照不宣。

外國人送禮，即使是送一份很小的禮物，他也會說：「這是我精心為你挑選的，請你收下。」東方人送禮，即便是送一塊金磚，也會極為謙遜的說：「小小意思，不成敬意，還請笑納。」

所以，跟外國人交往時，他們對我們表示讚美，我們要多說「謝謝」；跟東方人交往時，他們對我們表示讚美，我們則要學會客氣。與他們交往時，既要懂得聽客氣話，同時，我們自己也應該學會客氣一點。因為客氣是一種謙虛，而謙虛是東方人所推崇的美德。

比如，對方說：「你太太真漂亮。」你應該客氣一點，說：「哪裡、哪裡，跟嫂子比差遠了。」

又比如，對方誇你成功富有，若你真的點頭自認，他會心裡嘀咕：「有什麼了不起的。」這個時候，你應該說：「好什麼呀，混口飯吃。」

這是客氣的奧妙，是東方人的處世之道。有些人認為客氣很虛偽、不實在，然而這樣的認識是膚淺的。實際上，東方人的客氣，是一種有禮貌、有修養的表現。哪怕是親朋好友之間，別以為關係親密，就可以隨便一些，該有的禮節仍然不能省，該有的客氣也不能少。要是不懂這些，很可能就會讓人難堪。

有的人認為大家那麼熟悉，可以事先不通知，臨時登門提出索求。有些人經常不顧朋友是否情願，強行拉他去參加某項活動，這都會使他人感到左右為難。他若答應了你的請求，則會打亂自己的計畫；若拒絕，又會在情面上過不去。或許他表面樂意而為，心中卻有幾分不快，認為你太霸道、不講道理。

林先生就經常遇到這樣的情況，經常會有一些親朋好友突然襲擊，在他沒有絲毫準備的情況下，登門拜訪，搞得他非常困擾。有些親朋好友甚至臨時以他的名義約他人，非得逼他出席——他的父母就經常做這樣的事情，這讓他非常尷尬。

好幾次，因為親朋好友的突然來訪，打亂了他的工作計畫，使得他不得不加班到凌晨才能完成。後來，他終於無法忍受，遇到這樣的情況，當場給予拒絕，直接把他們趕走。

因此，不論你與某個人多麼熟悉，想打擾對方的時候最好是事先告之。商量在先，行動在後，像這樣給予他人以尊重的客氣，難道沒有必要嗎？

說話的智慧

有的人說話不見外，表面上看起來似乎很不錯，但實際上很容易讓人討厭。比如有些問候：「你還沒死啊？」、「喂，要死的，你跟我出來一下！」他們自以為這樣說能夠拉近彼此的距離，可是聽者心中未必舒服。不論什麼時候、不論什麼關係，客氣和禮貌是維持友好感情的潤滑劑。

4 大話小說、重話輕說、狠話柔說

在商業談判、辯論賽和法庭辯論中，採用咄咄逼人的姿態，可在氣勢上壓倒別人。但是，在日常的交際場合，則很容易讓人感到不舒服。

雖然我們很喜歡說話不含糊的人，但在很多場合回答別人的問題時，我們卻不太喜歡給出明確的答案，而習慣使用「大概」、「可能」、「也許」、「好像」等詞語。為什麼會這樣呢？這跟我們的文化性格有關。

有句古話：「滿招損，謙受益。」具體到說話上，也同樣如此，因為話說得太滿，使得自己沒有迴轉的餘地，很容易造成一些問題。

有個人愛吹牛，在一次聚會上，他聽一個朋友說要張羅一場盛大的婚禮需借用十幾輛轎車，就主動表示：「你這事就交給我吧，我認識很多人，到時候給你弄十幾輛好車。」朋友聽了很高興，當場就把這件事託付給他。他拍著胸脯說：「你就放心吧，到時候你直接來開車就行了。」

婚禮前一天，張羅婚禮的朋友說：「你看那轎車……。」他恍然想起借車的事情，拍拍腦袋驚叫：「哎呀，你看看……嗨，小事一樁，我馬上打電話幫你找車來。」

說完，他開始打電話，然而找了好多人，都說自己要用不能出借。最後他費盡了力氣，也只借到幾輛而已，遠遠不夠。沒辦法，他只好把實際情況告訴朋友，表示自己現在沒辦法弄到那麼多轎車。

朋友十分氣惱：「你這人怎麼能這樣呢？當初你拍著胸脯保證能弄到車，我還以為這事情真的沒問題呢。現在你卻跟我說弄不到車了。你這不是騙我嗎？這事辦不成，你也要早點告訴我，好讓我有個準備。」

他滿臉羞愧的說：「都怪我、都怪我，真不好意思。」

朋友懊惱的搖搖頭：「你這人真是！」

這件事很快傳開了，自此以後大家都不太願意和他一起辦事，就擔心他耽誤事情。

說話斬釘截鐵、不留餘地，聽起來好像底氣十足，也很容易得到別人的信任，但實際上很容易出意外。因此，我們說話時，切記別把話說得太死。除非，你真的非常有把握。我們可以說：「我盡量，能夠辦成的話，我會給你回電話。你同時找找其他的方法，免得耽誤事情。」這樣說，對方聽在耳裡也覺得舒服，同時也提醒了對方進行多方準備，以免事情辦不成產生埋怨而影響彼此的關係。

其實，不僅在承諾時要注意留有空間，在其他一些場合說話，也要注意有所保留，避免因話說得太滿而對自己的形象造成不良的影響。有的人喜歡說狂言、放狠話，結果造成一些尷尬的場面，無法收拾。

有個人在公司裡與同事發生摩擦，弄得很不愉快。一怒之下，他就對那位同事說：「從今以後，我們之間一刀兩斷，再無瓜葛！」說完這話三個月後，那位同事成了他的主管。因自己講了過重的話，見面難免尷尬，他只好離開，另謀他就。

可見，要少對人說狠話，多給人留餘地。說狠話就像把杯子倒滿水一樣，再也不能倒進一滴水，否則就會溢出來。

在交談的過程中，要注意自己的態度，不要咄咄逼人。在商業談判、辯論賽和法庭辯論中，採用咄咄逼人的姿態，可在氣勢上壓倒別人。但是，在日常的交際場合，若總是一副咄咄逼人的態度，則很容易讓人感到不舒服。關於這一點，一定要注意，在必要的時候，還是留點餘地比較好。

給人留餘地，是一種智慧。古代人們圍獵捕獸時，有條規矩便是網開一面，只圍三面。這樣做，一來是為了保證獵物的繁衍生息，而不至於竭澤而漁（按：排盡池湖的水捕魚，比喻一味榨取，不留餘地）；二來則是為了避免獵物因沒有出路而全力反抗，造成不必要的損失。這條規矩後來被廣泛運用於戰爭中，給敵軍留條活路，可以有效的降低對方的士氣，讓對方不至於因沒有活路而產生出拚命的勇氣，從而避免了給己方造成更大的損失。

在平日的為人處事當中，若能網開一面，也有同樣的效果。你與某人因某事發生矛盾，若逼之太緊，不留情面，便可能讓對方產生激烈的反抗之心，心裡只想著趕快跳出糾纏，從而直接破壞關係；若你能夠留有餘地，那麼雙方便有緩和的空間，對方也能把心思放在解決問題上，而不是破壞關係上。

《菜根譚》有言：「滋味濃時，減三分讓人食，路徑窄處，留一步與人行。」當今時代日新月異，過去很多年才可能發生此消彼長的變化，現在幾個月甚至幾天就可能發生了。若把話說得太滿，把事做得過絕，將來一旦發生了不利於自己的變化，就難有迴轉的餘地。

人的一生說短也短，說長也長，世間事恰如白雲蒼狗，變幻莫測，所以不要一下子把路堵死了。這對自己是非常不利的。說話要留有餘地，如果可能的話，不要把話說死、說滿、說透。

說話的智慧

有道是，事前留一線，日後好相見。做事留有餘地，不把人逼上絕路；說話也要留有餘地，不能把話說得太滿。因為凡事總有意外，留有餘地，就是為了容納意外，以免自己將來下不了臺。

記住清代名臣曾國藩的一番話：「福不享盡有餘德，勢不使盡有餘力，話不說盡有餘地，事不做盡有餘路，情不散盡有餘韻，心不用盡有餘量。」

5 低調做人，路才會越走越寬

做該做的事，說該說的話，不要逾越。

與西方人相比，東方人不太愛表現自己。西方人推崇冒險，東方人雖然也會說「富貴險中求」之類的話，但不到萬不得已，很少會去做冒險的事情。這是因為東方人講本分，更加注重本職工作。

三國時的曹操很注重接班人的選擇。曹操的大兒子曹昂已經戰死，次子就是曹丕。按照古禮，曹丕即位，理所應當。但是，曹操對三子曹植很偏愛，更加上曹植才華橫溢。因此，曹操一度想立曹植為世子。

與曹植的風光相比，曹丕一直沒有表現出特別的才華。為此，曹丕曾經恐慌過，他向自己的老師賈詡討教。賈詡教導他：「你啊，別想太多，只要兢兢業業，做好自己的本職工作就行了，不必去想那些虛名。」曹丕接受了賈詡的建議。

有一次，曹操親征，曹植再一次展示了自己的才華，作了一篇歌功頌德的文章來討父親歡心。但是曹丕並沒有這樣做，而是匍匐在地面上哭了起來，一句話也不說。曹操看到曹丕這樣，連忙問：「怎麼了？」

曹丕哽咽著說：「父王年事已高，還要掛帥出征，做兒子的心裡既擔憂又難過，所以不知道該說什麼好。」這番話讓曹操大為感動。最終，曹丕贏得了父親的心，被確定為繼承人。

唐順宗李誦剛做了太子，就發出豪言壯語，慨然以天下為己任。他對東宮僚屬說：「我要竭盡全力，向父皇進言革除弊政！」

沒想到幕僚聽了他的話，告誡道：「作為太子，首先要做的事情，就是多學習，而非理政。你應該多向陛下請安，多問起居飲食冷暖，而不應該過多的操持國事，尤其是改革的事情，更加不能提。如果太子過分熱心，別人會以為你不安於本職工作，若陛下因此而猜忌你，你將如何證明自己呢？」

李誦恍然大悟，此後，就閉口不談國事。儘管他的父親德宗皇帝晚年做了不少不得人心的事情，但作為太子，李誦卻始終沒有發言，直到他自己真正繼位後，才開始了唐後期著名的順宗改革。

東方人很注意自己的本職，無論是做事，還是說話，都不喜歡逾越自己的職權範圍。簡單的說，做自己該做的事，說自己該說的話。要是有所逾越，往往會被人當成好高騖遠之人。

小高是某公司業務部經理助理，業務能力挺不錯，還能講一口流利的英語，因此，在一些與外商進行的重要談判中，他總是有機會露臉。他的頂頭上司林經理都沒有他那麼風光。

有一次，小高隨同林經理一起赴某外商的宴席。席上，小高與外商頻頻舉杯，瀟灑飄逸，用流利的英語跟外商談天說地。而林經理則被冷落在一旁，場面十分尷尬。

分別時，小高又搶在林經理之前，與外商握手道別。林經理本來是這次業務談判的負責人，現在卻好像根本沒有他的事。

事情有好結果嗎？最終簽約失敗了。小高就算再有本事，畢竟不是負責人，公司裡的許多事情，並不是他那個職位所能了解的。所以不論他能力有多強，在那樣一個時刻，他不是負責人，他就無法代替林經理。最終，因為他的自作主張，簽約失敗了。

過了幾天，小高就被調到一個不太重要的部門。一開始時，他不明白這到底是怎麼一回事，畢竟自己在業務部門做得好好的，怎麼就被調離了呢？後來他才知道，在公司老總面前，林經理對他的評價是：「小高這個人能力很強，就是太浮躁，有些好高騖遠，還需要再歷練。」

這次的經歷，讓小高頓時領悟到許多東西，他開始仔細反省自己。吸取教訓後，他將心思都放在了本職工作上。與客戶商談生意時，他通常會在一旁仔細聽，只在適當之時，提醒主管一些細節上的事情，以促成交易。比如，主管忘記了某個關鍵數字，在主管停頓的瞬間，小高就及時的提醒。這樣的提醒，讓上司很欣賞。

不出風頭，不越位，謹慎救場，使得小高很快獲得主管的信任和賞識。一年之後，主管榮升，舉薦他擔任經理職務。

努力的表現自己，不是什麼壞事，相反的，這是一件好事。但是要看怎麼表現。隨意賣弄，尤其沒有大局意識的賣弄自己，那肯定沒有好結果。所以，做人應適當的表現自己。低調一點，謙虛一點，先做好自己的本職工作，說符合自己身分的話，這樣會讓你顯得更加成熟，更加穩重。

說話的智慧

一個人太愛表現，總是出風頭，哪怕只是言語上的賣弄，有的時候也會讓人厭煩，特別是有一些人完全不顧他人的看法，肆意妄為，自然不得人心。即便是面對關係非常好的朋友或親人，也不能太放肆。

6 成熟是不阻止自己的情緒，但能處理

慌慌張張的表現，不僅無助於問題的解決、危機的消除，還會使身邊的人失去勇氣，導致人心離散。

年少的時候，我們喜歡說：「想哭就哭，想笑就笑！」那時我們認為這是真性情的表現。等到長大了一些，我們發現這樣的真性情越來越少了，我們越來越不喜歡表現出自己的喜怒哀樂，我們似乎變得越來越會偽裝自己。

為什麼我們會丟掉真性情？因為我們成熟了。其實，所謂「偽裝自己，丟掉真性情」，完全是一種誤會。那不叫偽裝，而應該稱之為自我控制。因為一個人越來越成熟，他對自己的掌控也會越來越熟練。即便遇到了不得了的大事，他也能淡定以待。

在以前，人們將鎮定自若的人看成是情感感受無能的典型。但隨著時代的不

斷前進，人們認為鎮定者其實就是控制調節情緒的高手，這種人處理消極情緒得心應手，甚至可以視而不見。

看看影視劇，我們經常會聽到：「慌慌張張，成何體統！」在成熟之人的眼中，慌慌張張，就是不成體統的。大丈夫立身處世，應該淡定從容、不急不躁。

三八三年，前秦苻堅欲滅東晉王朝。大臣們紛紛勸阻：「東晉有長江之險，若不能一鼓而下，必然導致敗局。」

苻堅很不以為然：「春秋時夫差、三國時孫皓，皆有長江之險，最後不免滅亡。今朕有大軍百萬，投鞭於江，足斷其流，何懼天險？」

於是，苻堅親率八十萬大軍，氣勢洶洶，殺奔淝水。歷史上著名的戰役——淝水之戰，由此拉開了序幕。

結果大家都知道了，東晉以少勝多，以八萬精兵戰勝前秦的八十萬大軍，前秦自此一蹶不振，無力南侵。淝水之戰斷送了苻堅的偉業，卻成就了另外一個人的名聲，這個人就是謝安——東晉的宰相，淝水之戰東晉方的決策人，一個沉穩而有智慧的領導者，一個很有風度的人！

苻堅領八十萬大軍向江南逼近的消息傳到建康時，晉孝武帝慌了，文武官員慌了，老百姓也慌了。謝安慌不慌？肯定慌了，大軍都打到家門口了，隨時都可能國破家亡，心裡不打怵是不可能的。可他沒表現出慌張，而是一副從容淡定、不慌不忙的樣子，他甚至還跑去遊山玩水。別人來問他該怎麼辦，他說：「已有準備，不必擔心。」

這就是領導者的氣度，遇事不慌張。遇到危機，別管有沒有辦法，首先就看你能不能保持冷靜、鎮定。而謝安從容鎮定的風度，早就出了名。

在謝安還逍遙東山時，有一次，他和孫綽、王羲之等好友一同出海遊玩。幾個人一邊賞景，一邊聊天。正在他們開心時，忽然起了風浪，一時間波濤洶湧，船就好像樹葉一樣，在驚濤駭浪中顛簸，可把孫綽幾個人嚇壞了，他們詩也不吟了，忍不住的驚恐喊叫：「怎麼辦？怎麼辦？」

這時，只有謝安猶自鎮定，說：「如果都這樣亂成一團，我們就回不去了。」大家這才平靜下來，船得以平安駛回。自始至終，謝安都相當鎮定。

晉軍擊敗秦軍時，謝安正跟客人在家下棋。捷報傳來，謝安猶能不動聲色，隨手把捷報放在旁邊，照樣下棋。客人知道是前方送來的戰報，忍不住問謝安：「戰況怎樣？」

謝安慢吞吞的說：「到底把秦人打敗了。」客人聽了，高興得不想再下棋，想趕快把這個好消息告訴別人，連忙起身告辭。謝安送走客人，回到內宅去，他的興奮心情再也按捺不住，跨過門檻時，踉踉蹌蹌的，把腳上木屐的齒都碰斷了。

明明心中驚慌，卻要擺出不以為意的樣子；明明心裡高興，還要表現出一副漫不經心的樣子。這是沉得住氣的表現，也就是「養氣功夫」：不管心潮如何澎湃，行事說話要從容不迫。哪怕心裡緊張得要命，表面上也要不慌不忙。

謝安的氣度被後人所敬仰和推崇。詩仙李白的詩裡曾這樣描寫他：「但用東山謝安石，為君談笑靜胡沙。」多麼風度翩翩、臨危不懼、從容自若的大將風度！東方人就喜歡這種「談笑間檣櫓（按：音同強擄）灰飛煙滅」的儒將風采。

謝安的心理素質無疑是極好的。可以肯定的一點是，面臨危機時，謝安的內心肯定不會像表面上那樣平靜，他的內心也會忐忑，一旦戰爭失敗，他的國家就將分崩離析。但就是面對這樣的壓力，他依然擺出從容不迫的樣子，給予朝野上下以勇氣，安定身邊的人心，激發眾人的鬥志。謝安如此沉得住氣，何其難得！

那些說話語氣平和、行事從容不迫的人必定是做大事的料，因為他們喜怒不形於色，沉得住氣。相反的，那些遇事慌張的人，則通常不被人看好。因此，故作鎮定不是什麼可恥或虛偽的事情，而是一種實用的智慧和手段。

謝安的故事告訴我們，無論遇到好事還是壞事，不管心裡開心還是不開心，都要拿捏得住，不要將情緒隨便的寫在臉上。這樣才能給人信心和勇氣，讓人安心和放心。

說話的智慧

如果遇到了棘手的事情，不妨對你身邊的人淡定的客套一句：「慌什麼，天又塌不下來！」、「急什麼，事情沒那麼壞！」尤其是遇到大問題、大危機時，掌握好自己的情緒，保持鎮定從容，沉穩的應對各種狀況，絕不能慌亂。

慌慌張張的表現，不僅無助於問題的解決、危機的消除，還會使身邊的人失去勇氣，導致人心離散。而人心要是散了，那就真的是大勢已去了。

第二章

直率和白目，只有一線之隔

1 話說三分，點到為止更有分量

話說得太直白了，往往不是好事，有時會傷及他人的尊嚴，或者導致爭論與衝突。

北宋的張詠是一個很有智慧的人，他官至禮部尚書。聽說寇準當上了宰相，他便感嘆：「寇準真是一個奇才啊！可惜在學問上存在某些不足。」原來他與寇準是至交，因此，對於寇準的劣勢，他自然很清楚。為了幫老朋友及時改掉這個缺點，張詠很想找個機會勸勸寇準多讀些書，畢竟身為宰相，其作為關係到天下的興衰，學問理應豐足才是。

恰巧，寇準到陝西巡視，剛剛卸任的張詠也從成都來到這裡。他鄉遇故知，自然格外高興。寇準設宴款待張詠，兩人開懷暢飲了一番。離別時，寇準問張詠：「張公，你能給我一些指點嗎？」

張詠對此早已有所考慮，正想勸他多讀一些書。但是話到嘴邊，又說不出口。今非昔比，如今的寇準已是宰相，一人之下，萬人之上。在這種身分懸殊的情況下，又怎好直截了當的說一個宰相沒有學問呢？

於是，張詠略微沉吟了一下，說了一句：「《霍光傳》不可不讀。」當時聽到張詠的這句話，寇準並沒有立即弄明白這話的意思，但是張詠不願就此多說一句，說完這個，他就走了。

為了弄明白張詠此話的意思，回到相府，寇準立刻找出《漢書・霍光傳》，他從頭仔細的閱讀，當他讀到「光不學亡（通「無」）術，闇於大理」時，突然明白了老友的意思，於是自言自語的說：「這大概就是張詠要對我說的話吧！」

當年霍光官至司馬、大將軍，地位相當於宋朝的宰相。他立有很多重大的功勞，但是因為學問不高，難免居功自傲，不明人情與事理。霍光的這些特點與寇準有某些相似之處，張詠說《霍光傳》不可不讀，其實就是想要借此書告誡寇準多讀一些書，多了解一些人情事理，就能更好的輔政朝綱。寇準閱讀了《霍光傳》之後，便很快明白了張詠的用意，並從中受益匪淺。

寇準是北宋著名的政治家，他為人剛毅正直且思維敏捷。張詠贊許他的奇才，但同時也指出了他的缺點——平時不大注重學習，知識面略窄，這種劣勢將極大的限制他才能的發揮。因此，張詠說的那句話是勸寇準平時多讀些書以加深學問的意思，這句話既客觀又中肯，雖簡單卻很巧妙。反過來想一下，如果當時張詠的話說得太直，對於剛剛出任宰相的寇準來說，肯定面子上不好過，而且這話要是傳出去還會影響寇準的形象。

張詠了解寇準是個很聰明的人，簡單的給了一句「《霍光傳》不可不讀」的贈言讓其自悟，這話是何等婉轉曲折，原本是「不學無術」這個連常人都難以接受的批評，透過委婉的方式表達出來，讓人愉快的接受了。張詠的辭令智慧，可謂靈巧至極！

由此看來，巧妙的說話，可以化解很多不必要的麻煩，尤其在外交場合中，話不一定要多，只要足夠深刻、巧妙，也能達到話少意深的目的。

在一次事故中，主管生產線的副廠長老馬左手指受了傷，他被送往醫院治療。廠長老丁來病房看望時，談到車間裡的小吳和小齊兩個年輕人技術水準雖強，但紀律觀念較差，想將他們辭退。

老馬當時沒有表態，只是突然捧著手「哎喲哎喲」大叫。丁廠長忙問：「疼了吧？」老馬說：「可不是嗎，實在太疼了，乾脆把手鋸掉算了。」丁廠長一聽，連忙說：「老馬，你是不是疼糊塗了，怎麼手指受了傷就想把手給鋸掉呢？」

老馬說：「你的話很有道理，有時候，我們看問題，往往因注重了一方面而忽視了另一方面。丁廠長，你看，我這手指受了傷需要治療，那小吳和小齊這兩個孩子……」。

丁廠長一下子就聽出老馬的「弦外之音」，連忙說：「老馬，謝謝你開導我，小吳和小齊的事我知道該怎麼處理了。」

老馬用手指受傷需要治療比喻人有缺點需要改正，巧妙的把用人和治病結合起來，既沒直接反對丁廠長，又維護了團結，成功的解決了問題。

當意見發生分歧時，如果實話實說，直接反駁，就有可能傷了和氣，影響團結。這個時候就需要我們選擇委婉、巧妙的說法，來避免一些不必要的麻煩。

說話的智慧

當別人問你「有什麼指教」時，不要直接發表看法，最好客氣一下，你可以說：「指教談不上，不過，有些話不太好說，說錯了，希望你不要介意。」這樣一句話，可以使你的表達顯得柔和而委婉。

話說得太直白，往往不是好事，有時會傷及他人的尊嚴，或者導致爭論與衝突。若能夠採取委婉的方式，隱晦的點撥一下，溝通的效果會更好一些。

2 正話要反說，反話要正說

在某些特定情況下，有些話不能說出來。為了避免尷尬，不妨從其反面說起。將反面的話稍加引申，就可能走到反面的反面。

某人牙痛，去醫院拔牙。醫生技術嫻熟，很快就把牙拔掉了。病人雖然覺得醫生的醫術不錯，但又覺得這一會兒工夫就被醫生賺了兩百元，有點耿耿於懷。

他一邊付錢，一邊揶揄的對醫生說：「你們牙醫真會賺錢，只用十秒鐘就賺了兩百元。」

醫生沒反駁，只是笑著回答：「你願意的話，另一顆牙，我可以慢慢的幫你拔。」

病人一聽，笑道：「不，不，還是請快點幫我拔了吧！」

面對病人的挖苦，醫生處理得十分巧妙。他沒有正面頂撞，而是接著對方的語氣說下去，答應慢慢的拔另一顆牙。無疑，這種正話反說的方式，將了對方一軍，使自己處於主動地位。

有一位太太認為自己的丈夫太不像話，於是到處向朋友訴苦告狀，她覺得朋友一定會安慰她，並且幫她勸說丈夫。

誰知有一位朋友聽了後，卻說：「你的丈夫怎麼這麼不像話，趁早離婚吧，免得將來受苦。」

這位太太聽到朋友說的話，反倒認為：「其實，我丈夫並沒有壞到這種地步。」就此打消了離婚的念頭。

＊＊＊

有個孩子在學校挨了老師一頓罵，心中非常怨恨那位老師，於是跟爸爸大吐苦水，揚言一定要給老師一點顏色看看！

爸爸聽了兒子的訴苦後，沒有斥責和教訓，而是平淡的說：「真的嗎？

那你就去給他點顏色看看吧。不過，你打算怎麼給他點顏色看看呢？」「我，我……」孩子想了半天，沒有好主意，有些洩氣的說：「爸爸，那你說該怎麼辦？」

爸爸笑道：「打他一頓？好像不行，那樣即使你達到了報復的目的，也會觸犯法律。搗亂？那你肯定又要挨罵，甚至還有可能被罰，不值得。」「嗯，爸爸，你說得對。」孩子點頭。

「那你說老師罵你，他是不是為了你好呢？好好想一想。」聽爸爸這麼一說，孩子很快就放棄了報復老師的念頭。

若不同意對方的看法，直接反駁，容易引起爭論，這時，可以採取先肯定再引導的方式。先附和對方的觀點，並伺機將對方引入死角，讓對方自行覺醒。

楚莊王得到一匹駿馬，心中高興得不得了。不料事與願違，這匹馬整天錦衣玉食，罹患了「富貴病」，沒過幾天，便一命嗚呼了。楚莊王十分沮喪。為了表達對這匹馬的喜愛，他決定為馬發喪，以大夫之禮下葬。

沒想到此舉遭到朝臣的反對，許多忠直之士以死相諫，但楚莊王心意已定，任誰也改變不了他的想法。正當群臣搖頭嘆息之際，突然門外傳來號啕大哭的聲音。楚莊王驚問是誰？左右告之是侍臣優孟。楚莊王立即傳令優孟進見，問道：「愛卿，因何事大哭？」

優孟擦著眼淚，哭訴道：「堂堂楚邦大國，有何事辦不到？有何物得不到？大王將愛馬以大夫之禮下葬，不但不過分，還嫌輕視。我懇請大王以國君之禮葬之，這樣諸侯們也會知道大王你是重馬而輕人，這不是很明智的舉動嗎？」

群臣聽到優孟的這番話，頓時譁然。楚莊王卻沉默不語。良久，他低著頭慢慢說道：「寡人以大夫之禮下葬這匹馬，確實太過分，但是話既已出，如今又能怎麼辦？」

優孟一聽，馬上接話道：「我請大王將死馬交給廚師，用大鍋烹飪，放上薑、棗、椒等作料。馬肉讓群臣飽餐一頓，馬骨頭以六畜之常禮下葬。這樣，世人就不會笑話大王了。」

楚莊王得到了一個臺階下，群臣吃了一頓馬肉，事情便就此了結。

優孟因侍奉楚莊王多年，熟知楚莊王的性情，知道面對此時的楚莊王，忠言直諫、強言硬諫都是行不通的。因此，他在獲悉群臣勸諫失敗之後，改採「正話反說」的策略，先順著楚莊王之意說下去，自然的流露出揶揄、諷刺之意。

正話反說是荒謬的「放大鏡」。在某些特定情況下，有些話不能說出來。為了避免尷尬，不妨從其反面說起。須知真理再向前一步就可能變成謬誤，反面的話稍加引申，就可能走到反面的反面。

說話的智慧

當你不同意別人的看法，想要反駁對方時，最好先想清楚，若是直接反駁，會不會有麻煩。也許先贊同對方的觀點，附和一下對方，再採取正話反說的方式，就能讓對方主動思考，意識到自己的問題，這樣豈不比帶有強迫性的直接說服更妙？

3 認清自己的職權，是職場基本原則

你可以發表你的看法，但不能越位跨越自己的許可權，進入別人的工作範圍。

張雲是個很活潑的女孩，點子多，做事有股衝勁，很得主管器重，大家都覺得她的前途必定一片光明。也許是腦子靈活的緣故，張雲特別喜歡發表看法，對於別人的工作，她總要評論一番，似乎不這麼做，就不過癮。這個習慣讓許多同事很不滿。

有一次，張雲的部門要開會，但是，到了會議室才發現，別的部門還沒有開完會，於是大家就在門外等候。但張雲忍不住了，竟然一個人跑進去，並且對那個部門的工作發表了一通自己的見解，告訴大家應該怎樣做，這番指手畫腳自然引起了其他部門同事的反感。

後來，這樣的事情還發生過好幾回。直到有一次，她竟自作主張簽了一份需要主管簽字的合約。當主管問起那份合約的事情時，張雲說：「我覺得沒什麼問題，所以就簽了。」主管很生氣，便把她解僱了。

會動腦子，能提建議，這當然很好，每個開明的主管都會喜歡這樣的部屬。但是提建議，要注意自己的職位，若是到處評論他人的工作，甚至擅作主張，越俎代庖，就有問題了。

就好像足球比賽，每個隊員的站位、跑位都不能出錯，工作也一樣，講究整體間的相互配合。

每個人都必須明確自己的職責。所謂「不在其位，不謀其政」，你可以發表你的看法，但不能跨越自己的許可權，進入別人的工作範圍。尤其要注意的是，你不能替上級做決定。哪怕是你的上級不如你，都必須遵循下級服從上級的原則，這是最基本的禮儀，也是最基本的規則。

因此，在工作場合，我們要學會尊重他人，注意自己的職位，不能越位。有什麼好的建議想要表達，可以採取一些比較委婉的方式。

相傳漢武帝年間，雍州有個小吏叫曹遲，因為頭腦精明、為人忠誠，深得主管的欣賞，於是被升任為雍州一個縣的縣尉，輔佐縣令處理政務。

他剛到此縣時就聽到百姓在街頭巷尾議論紛紛，他便喬裝打扮成過路客商，深入百姓，調查民情。

原來，百姓們正在議論原來的縣尉，說上一任縣尉只做了短短的半年，是因為做事刻板，不知道轉彎，經常頂撞縣令，所以被縣令革了職。再仔細一打聽，他才知道這個縣令很不得人心，雖然為官清廉，但是才能有限，施政不靈活。百姓們有口難言，只好在街頭巷尾議論紛紛。

曹遲上任的第一天，發現縣令斷案存在問題。如果直接指明縣令的錯處，很容易引起爭論。那樣的話，自己可能就會與前任縣尉一樣，因為不配合工作，而被革職。這樣一來，自己的宏圖之願就無法實現了。但如果一切都順著縣令，這又不符合自己為官做人的原則。

為此，曹遲為難了。他想了好一會兒，忽然想到了一條妙計，他決定表面上糊里糊塗，順著縣令，但是暗地裡則旁敲側擊的給縣令一些建議。果然，沒過多久，縣令在他的輔佐下，改正了自己的錯誤。當地的風氣也為之一新，老百姓對官府的看法也逐漸變好。

而縣令不僅對曹遲的態度很好，而且連性格脾氣都變得溫和起來。一年之後，曹遲得到縣令的舉薦，被調任到另一個縣擔任縣令之職。

曹遲的聰明之處在於，他吸取了前任縣尉的教訓，沒有越俎代庖，也沒有直接提建議，與縣令爭辯和理論。他採取旁敲側擊的方式，向縣令提出獨到而正確的見解，收到了良好的效果。

記住，你是去做事情的，不是去爭論長短是非的。成大事者，不會在乎虛名，所以不會跟人爭辯，以獲得口頭上的勝利。要學會適當的表現自己，但不要過度。在某些場合，若你的光彩遮蔽了他人的亮點，便很容易讓對方陷入尷尬的處境。

比如，你去當伴郎或伴娘時，最好穿得普通一點。因為在婚禮上，新郎和新娘才是主角。要是伴郎和伴娘的光彩蓋過了新郎和新娘，那麼新郎和新娘心裡肯定不樂意。

工作場合也同樣如此，該你出風頭時，你儘管表現，但不該你出場時，就不要肆意表現。如果你有好主意需要告訴對方，注意不要那麼直接的提出，特別是向主管提建議時，應該盡量委婉一點，從側面去提醒對方，這樣會比較容易成功。真正聰明能幹的人，絕不會越俎代庖，替主管做決定。

說話的智慧

向別人請教時要虛心，語氣要客氣。比如，想請對方幫忙出主意可以說：「你認為該怎麼辦才好呢？」當對方說出他的看法時，你只需適當提示，讓他主動的思考下去，他就會得出和你一樣的結論。

你也可以問：「你認為這樣做怎麼樣？」採取商量的語氣，啟發對方，能夠讓對方放下戒備心理。這個時候，你的意見便很容易植入對方的腦海，從而讓對方接納你的意見。

4 缺乏謙虛的自信，叫做傲慢

在適當的時候表現你的聰明，而不要總是掛在嘴邊。

小孟是一位研究生，畢業之後，她到一家大型的諮詢公司工作，這讓同學們都非常羨慕。對此，小孟很得意。有朋友看出她的傲氣，便告誡她：「老同學啊，妳太優秀了，什麼都好，就是太張揚了點。」

小孟不同意，當即反駁：「那不叫傲氣，那叫自信！」朋友苦笑道：「妳說得對，可就怕別人誤會啊。」

小孟不以為然：「他們怎麼想，我可管不著。」很快，她就把朋友的話拋到腦後。

與小孟坐對桌的，是個姓劉的中年婦人，他們都叫她「劉姐」。也許是因為小孟是新人，劉姐總是找她的碴。有一次，劉姐還公然指責小孟：「辦公桌上不要擺上那麼多裝飾物和明星照片，這樣容易影響工作。」

小孟聽了，想也沒想便回道：「劉姐，妳不了解年輕人，現在的年輕人是能邊玩邊把工作做好的一代，而且工作累了看看這些時尚的東西，既養眼又舒心，對工作有好處。」

劉姐聽了沒再說什麼，不過，臉色變得難看起來了。幾天之後，小孟的帳目上出了點小差錯，劉姐立刻指責小孟。此後，兩人的摩擦便多了起來。

因為學歷高、業績突出，小孟的獎金很高。同事便開玩笑的說：「小孟啊，妳才工作不久，就做出這樣出色的成績，一定要請客啊！」

小孟得意的說：「這算什麼啊，再過一些時候，我的業績肯定比現在更突出，到時候一定請你們去飯店大吃一頓！」

不久，小孟發現大家都突然變得不愛搭理自己，有時候大家談得熱火朝天，她很興奮的跑過去加入，可是大家很快便找理由散去。正當小孟困惑之時，一年一度評選先進的時候到了。她私下盤算了一下，覺得憑業績，這個先進獎非自己莫屬。然而，最終她並沒有得到先進獎。小孟很不服氣，就直接去找主管。

主管看到小孟進來，便一臉微笑。小孟正想要說話，主管卻笑瞇瞇的先開口：「小孟啊，我剛好有一個好消息要告訴妳，因為工作需要，妳暫時被借調到分公司工作一年。妳可要好好努力啊！」

小孟頓時呆住了，所謂「借調」，其實就是「下放」。最後，小孟沒有去分公司工作，而是選擇了辭職。

做人謙虛，才受人歡迎；對人尊重，才得人尊重。無論何時何地，都有一個先來後到的問題，新人對老員工尊重，老員工對新人加以提點，這是很正常的事情。劉姐對孟小姐的指點，其實並不是對擺放東西有意見，而是表示一種態度：我是老員工，妳眼裡要有我。然而，小孟不懂得這一點，直接頂撞劉姐，這是一種不禮貌的行為。

當同事說「業績突出要請客」時，小孟依然不知道謙虛做人，反而誇下海口，給人留下目中無人的印象，自然也就讓大家與她產生了距離感。如此一來，評選先進時，大家自然不願意選她。

做人要虛懷若谷，防止驕傲自滿。目空一切、唯我獨尊的人，十之八九都不得人心。在生活中，我們應該約束自己，力戒盲目自滿，檢視自己的弱點和短處，把態度放得謙遜一些，不能自視甚高，常擺架子。

★說話的智慧

聰明是一件好事，但若時時刻刻想去證明自己的聰明，就顯得不太聰明了。不要太常說，你比別人更聰明，或許有少數幾個人會敬佩你，但大多數時候，你得到的不會是敬佩，而是討厭。

可以想像，若有個人對你說：「我比你聰明，你的智商不如我。」你的感受會好嗎？你肯定會覺得這個人太狂妄了，一點兒都不謙虛。因此，明智的做法是在適當的時候表現你的聰明，而不要總是掛在嘴邊。

5 你總對親密的人苛刻，對陌生人客氣？

朋友再熟也沒義務幫你，既然幫你，別忘了說謝謝。

面對陌生人，我們往往會隨時提醒自己要注意談吐禮儀，因此通常不會太失禮。反倒是面對熟悉的人，我們常會忽略這點。

丈夫下班回到家，就對妻子叫嚷：「喂，飯菜準備好了沒？我快餓死了。」妻子剛做完家事，非常勞累。丈夫沒有絲毫關切之語，還用這種口氣對自己說話，妻子感到十分生氣，說：「我不是你的保母，沒義務做飯給你吃。」結果丈夫聽了，也一肚子氣。

到了晚上，兩個人躺在床上時，妻子感覺好像有小偷進來，她踢了丈夫一腳，說：「好像有人進來，你下樓去看看。」這時，換丈夫沒好氣的答道：「我不是妳的私人保鏢，沒義務要幫妳巡邏。」

關係越親密，人們就越不喜歡客氣，講話比較直接，有時甚至很難聽。比如有些問候：「你還沒死啊？」、「喂，要死的，你跟我出來一下！」然而，因關係親密而不太講究說話方式，說話太直白，很容易直接導致與親人或朋友間的關係出現問題。

小文、小柳和小陳是從小到大一直非常要好的姐妹。為了延續彼此的情誼，她們都未遠嫁，在同一個城市生活，同一個社區居住，經常聚會聊天，過著開心的日子。三家人甚至還定了「娃娃親」——小文生了女孩，小柳和小陳生的都是兒子，於是小柳和小陳都爭著和小文做「親家」。然而，這樣一段深厚的閨蜜之誼，後來卻變質了。

這一年的七月，小文的女兒得了手足口病。因為三個孩子總是一天到晚在一起玩，一聽說小文的女兒得了手足口病，小柳和小陳就開始擔心，害怕自己的孩子在一起玩時被傳染。

那麼，如何避免被傳染？只有一個辦法，那就是隔離，也就是不和小文的孩子一起玩。該怎麼做呢？小柳和小陳都想了自己的辦法。

小柳的脾氣很直，再加上年齡最大，平時她都以大姐自居，一聽小文的女兒得了手足口病，她嚇得大驚失色，急忙打給小文：「小文啊，聽說妳家冰冰得手足口病？那妳可千萬別帶著她到處跑，這半個月別來我家！」

其實，小文也是自覺的人，她準備把孩子放在家裡進行隔離治療，原本就沒打算帶孩子出去。聽到小柳的一番話，她直接就把電話掛了，氣得晚飯都沒吃，她對老公說：「知人知面不知心，真沒想到她是這種人。」

小文說：「作為好姐妹，如果說我哪裡不好，我都能接受，但我的孩子身體有點不適，她就阻止我們去她家，歧視我的孩子，這我沒辦法接受。」

事後，雖然小柳對小文解釋說：「我不是那個意思。」但仍然驅散不掉小文心裡的芥蒂，倆人的友情出現了裂痕……。

與小柳相比，小陳卻是一個會說話、會辦事的人。聽到小文的女兒病了，作為一個母親，小陳當然也擔心自己的孩子在玩的時候會被傳染，但是她沒有直說，她醞釀好情緒，撥電話給小文，慢條斯理的講起來。

小陳說：「文啊，聽說咱寶貝閨女病了？情況怎麼樣啊？」

小文說：「嗯，到醫院看了，情況算是穩定下來了。」

小陳說：「那就好，又要打針又要吃藥的，孩子可真受罪。妳也別太擔心啊，只有妳強大了，才可以保護好小孩啊！」

小文聽到這些話，心情好了許多，說：「謝謝，只是孩子這些天也不方便出門，醫生說要隔離治療。」

小陳說：「哎，我也愁，我家的寶貝得多難受啊，天天嚷嚷著要找冰冰妹妹。我看著都心疼。可是沒辦法。我告訴他，等冰冰妹妹病好了，我帶他們一起去遊樂園。這才把兒子打發了。」

掛了小陳的電話，小文就感嘆：「陳姐姐做人，真的沒話說。」

許多人都認為只需要對陌生人、客人客套，而對那些關係親密的人則不需要太客氣。其實不是這樣的，不論什麼關係，要想維持下去，就要相互尊重。

小雨是一個很有禮貌的人，有一次，一位朋友幫她做了點小事，她馬上說：「謝謝」。朋友很奇怪的問：「大家都這麼熟了，還用得著這麼客氣嗎？」

小雨說：「再熟悉你也沒義務對我好。你幫了我，我應該感激你。」

後來，朋友逢人就說小雨的好話。

朋友之間也離不開客套話，因為朋友也有情緒和好惡。雖然朋友之間因為了解會多擔待一些，但有些東西也冒犯不得。說話做事，要注意別傷了朋友的心。

★說話的智慧

不論什麼時候、什麼關係，適度的客氣是維持友好關係的潤滑劑。到朋友的家裡做客，朋友通常會很客氣的對你說：「咱們都是哥們，你就把這裡當成自己的家，千萬不要客氣。」若是你把這話當真，那麼很可能會惹人討厭。記住，進入朋友的房間和動朋友的東西之前，應獲得別人的許可。

6 背後讚美比當面讚美，效果更好

多在背後讚美，是使人際關係融洽的好方法。

有位人際關係專家說：「人與人之間的親密與和諧，往往只需一份真誠和一句讚美。」如果你能夠給予別人適當的讚美，便很容易獲得別人的好感。當然，讚美也需要技巧，不能隨意而為。

有的人不懂得讚美的技巧，結果畫虎不成反類犬，使讚美之詞淪為阿諛奉承，給對方留下不好的印象。如果讓人覺得你的讚美之詞太露骨、太肉麻，不僅無法讓人產生好感，反而會招致厭惡。

讚美講究適當、適度，但應該怎樣做呢？實際上，當面的讚美往往因為度的把握不到位，而讓人誤認為是奉承和恭維，因此給人帶來不好的感受。那麼，有沒有更好的辦法讓人感受讚美的愉悅呢？

你若直接針對一個人表示讚美，也許會讓人覺得虛假。相反的，如果你從側面去讚美，也許就會好很多。

比如，你到某餐廳吃飯時，你若對廚師說：「你真是一位了不起的廚師！」那麼對方可能會覺得乏味。因為他知道還有很多比他更好的廚師，正所謂一山更比一山高。因此，你可以換一種讚美的方式，如「很合我的口味，以後一定會常來。」這樣的肯定豈不是更讓人開心嗎？

還有一種讚美方式很值得學，那就是背後讚美，或者透過第三者傳達你的讚美。

有一天，張經理有些氣憤的對祕書林小姐說：「小林，咱們部門裡的那個小王，我真是受不了她，請妳轉告她，如果她不改改那壞脾氣，就趕緊走人吧。」

林小姐說：「好的，經理！我會處理這件事的。」

後來，張經理再次遇到小王時，他發現小王好像變了一個人，變得既和氣又溫柔，和之前簡直判若兩人。張經理感到很奇怪，這人的性格變化也未免太大了吧。於是他便找林小姐，問她怎麼回事。

林小姐笑著說：「經理，你得原諒我假傳『聖旨』。我跟王小姐說：『有很多人稱讚妳，尤其是張經理，說妳既溫柔又可愛，脾氣好，人緣也好』，她聽了很開心，這不，脾氣也改了。」

張經理大讚祕書做得好，同時他也開始反思自己以前的做法。以前他也會讚美部屬，但顯然效果不是很好，沒想到這背後讚美比當面讚美的效果還更好。

設想一下，如果有人告訴你，有人在背後說了許多關於你的好話，你能不高興嗎？這些好話，如果是在你的面前說給你聽，或許適得其反，讓你感到很虛假，或者懷疑對方是別有用心。而背後聽來，卻覺得分外真實，特別悅耳。

假如你離職，到新公司應徵時，新公司的老總對你說：「你原來公司的老總是我的同學，他跟我提過你，你是位很能幹的人！」相信你會很高興，同時也會很感激原來的老闆。

既然一切如此明瞭，我們為什麼不這樣去讚美別人？如果你這樣做，不僅能夠讓對方感到愉悅，還能夠贏得他人的好感。

當你直接讚美對方時，對方極可能以為那只是一些應酬話和恭維話，目的只在於安慰他。要是透過第三者來傳達，效果便會截然不同。此時，當事者必定認為那是認真的讚美，沒有半點虛假，從而真誠接受，還對你感激不盡。因此，多在背後讚美，是使人際關係融洽的好方法。背後讚美，為什麼會有這樣神奇的效果呢？

首先，背後讚美體現出對他人的尊重和鼓勵。也許他本身並沒有你說的那麼好，但是，對於你這種由衷的讚美，他總會有一些反應。

其次，背後讚美展現出你寬廣的胸襟和真誠的品格。背後讚美，雖然是一件小事，但這樣做可見你的胸懷。胸懷狹隘的人連一句好話都不願意給別人，而胸襟寬廣的人從不在背後說人壞話。

以上所述可以看出背後說人好話的妙處。如果背後說人壞話，相較於當面說壞話，則會讓別人更加憤怒。也許人家原本對你的印象不錯，但你在背後說人家的壞話，傳到人家耳朵裡，你想他的感受會是怎樣的呢？那是一種被欺騙的感覺。因此，一定不要在背後議論他人的不是。

★說話的智慧

如果可能的話，最好不要在背後議論他人，尤其不要說他人的壞話。為什麼這麼說呢？因為背後說人壞話的風險比較大，傳到別人的耳裡，壞話有可能更變味。而在他人背後說一些讚美的好話，則不怕傳不到對方耳朵裡。對方一旦得知，會真誠感激你的讚美。你也會由此獲得好人緣。

7 一句好話，能溫暖人心

多說讚美、鼓勵、安慰、增強他人信心的話，是一種順乎人心、使人身心愉悅的行為。

有位女孩早上上班時在電梯前遇見了同事阮姐，打過招呼之後，她看了看阮姐的打扮，說：「哎喲，阮姐，妳今天的衣服搭配得很奇怪啊！妳這種衣服和髮型不配啊！」

結果，阮姐因為那女孩的這麼一句話，好心情一下子就消失了，生了一天的悶氣。

有位老人在路上遇到鄰居，鄰居問他去哪？他回答說去看音樂劇。那位鄰居聽了之後，說道：「這就是小市民趣味啊！有什麼可看的呢？」

之後，老人走在路上，心裡頭總不是滋味兒，不斷的碎碎念：「什麼叫小市民趣味？什麼叫小市民趣味！」到了劇院門口，他想了好一會兒，最終沒有買票，但心裡始終有種不舒服的感覺。

假如你是那位阮姐，聽到那樣的話，心裡會高興嗎？假如你是那位老人，聽到別人說你小市民趣味，心裡會是什麼感受？

對於好話、祝賀的話，誰都不會拒絕，而對於壞話、彆扭話，沒有幾個人會有好臉色。難道說好話就這麼難嗎？如果你不會說好話，那不妨多去商店裡逛逛，好好的學一學。

百貨公司裡化妝品專櫃的店員永遠都不會說的兩個字是「老」和「醜」。每天，都會有一些中老年婦女來到專櫃前，說自己皺紋又多了幾條，臉上的色斑又跑出來了，眼袋似乎越來越明顯……她不是要找專櫃店員承認她的老和醜，而是渴望別人給她一點希望，讓她重新擁有自信。

這時候，那些業績驚人的專櫃店員就會說：「妳看起來就像我的姐姐，甚至更年輕呢！」、「不會！妳這個年紀，這點色斑算是很少的，我看過很多女演員，年紀輕輕的，色斑比妳的多很多呢！」、「妳的皮膚保養得真好。看起來又白又嫩，只是水分稍微少了點，我們剛好推出一組保溼美白的乳液，挺適合妳用，要不要試試看？」、「我看看！這魚尾紋每個女人都有，妳的一點也不深，而且我敢保證妳的生活一定很幸福，幸福的女人常常笑，笑多了才有魚尾紋，而且妳笑起來眼睛特別有魅力，如果我是帥哥，一定要追妳！來，這瓶除皺霜可以讓妳的魚尾紋變得更淺，慢慢皮膚又會緊實了！」

老實說，這些專櫃店員個個都比心理醫生還厲害啊！她們全部是攻心說話的高手。一個從事心理諮詢的醫生說：「對女人來說，最好的心理醫生是化妝品專櫃店員，很多心理醫生在恢復病人自信的功力上，都比不上她們。」

好聽的話，人人愛聽；不好聽的話，人人唯恐避之不及。多說好話——讚美、鼓勵、安慰、增強他人信心的話，是一種順乎人心、使人身心愉悅的行為。

如果我們能常說好話，就能改善人際關係。如果每個人都善於說好話，則能促進社會和諧，化解不必要的矛盾和衝突。就讓我們從日常生活開始，一起來多說好話，少說不順耳的話。多讚美人家的好、多表揚人家的優點，少說人家的不好、少提別人的缺點。透過你說出來的話，人們就可以發現你內在的想法，還有你本身的修養。

女人喜歡聽人說她很美麗，男人喜歡聽人說他很強壯。每一個人都希望聽好話，而不喜歡聽壞話。若你講的話難聽，就別怪他人討厭你。即便那些壞話是諍言摯語，也不能讓人高興。愛聽好話是人的天性，會說好話的人才能人見人愛。

說話的智慧

多說一些悅耳好聽的話總是不錯的。如果你可以對大家說一些好聽的話，你會發現大家給你的鼓勵會越來越多，對你的信心也會越來越強。也許這對你來說，是一種莫大的助力。

第三章

理直更要氣和，
不生氣的說話藝術

1 生財第一步，養氣功夫不可少

和氣的說話，用平和的心態去對待人和事，不但可以使自己變得受人歡迎，也會讓你的事業更快有所成就。

小黃剛大學畢業沒幾年，在一家裝潢公司做設計人員。有一次，他們幫一家公司製作一個大燈箱。公司負責人堅持要裝潢公司的安裝人員按照他建議的方案安裝燈箱，結果燈箱安裝到一半時，因為操作方法不當摔壞了。

小黃得知後，非常生氣，理直氣壯的找公司負責人理論：「我說你也太多事了，安裝燈箱是我們的事，你怎麼可以指手畫腳呢？」

公司負責人連忙道歉：「真是不好意思，都怪我多嘴了，沒想到會弄成這樣。」

然而，小黃還是得理不饒人：「道歉就能夠解決問題嗎？這些損失要算誰的？」

公司負責人見小黃沒有緩和的意思，也不高興了，音量就跟著提高，說：「雖然我是說了幾句，但我不過是提了個建議，他們是專業人員，怎麼沒有說明這個建議存在問題呢？」

小黃一聽更火：「這麼說你是想賴帳啊？」

公司負責人更不高興了：「你怎麼這樣說話呢？會不會說話？」兩個人你一言我一語的吵了起來。年輕氣盛的小黃自覺占理，最後丟下一句：「我們法庭上見。」就走了。

可沒想到的是，回到公司，小黃的主管就把他訓斥了一頓：「你怎麼做事的？你怎麼不動動腦子呢？咱們和他們公司，僅僅是一個燈箱的合作嗎？我們和人家鬧僵了，今後還怎麼合作？」

主管說完後，對小黃說：「去跟對方道歉，爭取把損失降到最低！」

小黃非常鬱悶，只好硬著頭皮去找那家公司負責人。

讓小黃意外的是，那公司負責人也很誠懇的向他認錯，兩個人冰釋前嫌，商定損失各負擔一半。

兩個人不打不相識，自此成了好朋友，兩家公司業務上的往來也明顯增加許多。

事實上，單位負責人並不是一個不通情理的人，只是小黃在氣頭上，言辭太過激烈，得理不饒人，才使兩個人鬧得很僵。

小黃在得知對方的多嘴導致燈箱摔碎的時候，氣勢洶洶的找對方理論，這使對方很反感；在對方向他道歉後，他仍然得理不饒人，結果激化了矛盾，導致兩個人起了激烈的爭執，最後不歡而散。

如果不是小黃的主管要他跟對方道歉，兩個人別說成為朋友，光是燈箱的問題都解決不了，而且還可能影響到兩家公司今後的合作。去找對方道歉的小黃，不僅與對方成了好朋友，兩家公司還多了許多業務往來。所以說，和氣生財，絕不是一句空話。

在人際交往的過程中，隨時都有可能發生矛盾。當矛盾發生時，最好能忍住即將爆發的激動情緒，靜下心來，與人商量怎麼解決問題，這樣才能阻止矛盾的激化。千萬不要做一點就爆的「火藥包」。

想要做好事情、做好生意、搞好人際關係，這份「養氣功夫」絕對少不了。和氣生財，不是廢話。善於控制自己的情緒，尤其是在自己情緒激動時，能保持冷靜的思考，那樣就沒有做不成的事。

所謂和氣生財，不和氣不說話。哪怕是表達相反觀點的話語，也要做到一團和氣。

缺乏風度的歇斯底里是絕對不提倡的。像瘋狗一樣，失去理智，亂叫亂嚷，只會失去別人的支持。

和氣是一種理智的說話智慧，也是一種為人處世的原則。它告訴我們，天下之事，沒有盡如人意的，一定要用平和的心態去對待。不這樣做的話，連一天也過不下去。

不懂得和氣處世之道，你會覺得四處都是問題，甚至覺得世界上沒有一個好人；相反的，若你懂得和氣的說話之道，那麼你與任何人都可以和諧相處。

用平和的心態去對待人和事，和氣的說話，不但符合客觀的要求，而且別人也會因為你的態度願意與你相處。這樣，不但可以使自己變得受人歡迎，也會讓你的事業更快有所成就。

說話的智慧

《論語》有云：「小不忍則亂大謀。」對人、對事都要有耐心，不能一遇到問題，就想著找別人的麻煩，甚至拆臺。為了小事而生氣，破壞彼此的合作關係，得不償失。當衝突或矛盾發生時，暫時退一步，冷靜下來，和氣的商量解決問題的辦法，這才是我們應該做的事情。

2 不揭人短，是做人的基本素養

每個人都有所長，亦有所短，沒有人是完美的。

明太祖朱元璋出身貧寒，做過牧童、和尚和乞丐，歷經磨難，最終登上了皇帝的寶座。朱元璋富貴了之後，昔日的窮親戚、窮朋友都來京城投靠他。這些人都以為朱元璋會念在昔日的情分上，給他們一官半職。沒料到，朱元璋最怕的就是別人知道他的老底，翻他的舊帳。因為這些會大大有損他的威信，因此，朱元璋對來訪者大都拒而不見。

不過，有位兒時的好友能耐不小，幾經周折總算進了皇宮。朱元璋不得不與他見上一面，誰知那位兒時好友一見面，便非常不客氣的說：「哎呀，朱重八，你當了皇帝可真威風呀！還認得我嗎？當年咱倆一塊光著屁股玩耍，你幹了壞事總是我幫你頂著。記得有一次咱倆一塊偷豆子吃，你吃得太急，豆子卡在喉嚨，還是我幫你弄出來的。怎麼，不記得啦？」

那位老兄喋喋不休，越說越離譜，朱元璋臉色很不好，最後實在忍不住了，開口喝斥道：「住口，你是什麼人，膽敢在這裡大放厥詞？來人，給我拉出去斬了！」就這樣，那人還不知道自己什麼地方做錯，就糊里糊塗的丟了性命。

每個人都有不太光彩的過去，或者在身體、性格上存在某些缺陷，而這些就構成了一個人的短處。每個人的短處都是不願意讓別人知道的。如果不加考慮，就隨便揭人的短處，就會惹下麻煩，就像朱元璋的兒時朋友那樣。因此，說話不要揭人短處。

張小姐是一個辦公室文書人員，性格內向，不太愛說話。可每當就某件事情徵求她的意見時，她說出來的話總是很「刺」人，而且她的話總是在揭別人的「短」。

有一次，部門的同事穿了件新衣服，別人都稱讚說「漂亮」、「合適」

之類的話，可當人家問張小姐感覺如何時，她直接回答說：「妳身材太胖，不適合。」甚至還說：「這顏色妳穿有點豔，根本不合適。」

這話一說出口，便搞得當事人很生氣，而且周圍大讚衣服如何好的人也很尷尬。因為，張小姐說的話有一部分是事實，比方說該同事的體態就是比較臃腫。雖然有時張小姐會為自己說出的話不討人喜歡而後悔，可很多時候，她照樣我行我素。

久而久之，同事們都把她排除在團體之外，很少就某件事去徵求她的意見。儘管這樣，如果偶爾需要聽她的意見時，她還是管不住自己，又把別人最不愛聽的話給說出來。公司裡幾乎沒有人主動搭理她。

客套話的核心，就在於發展和諧共贏的社會關係。所以，待人處世，要善於發現對方身上的優點，多誇獎對方的長處，而不是抓住別人的隱私、痛處和缺點大做文章。

有兩個老師，因為都是教語文的，所以有時候喜歡辯論工作上的問題。

其中，張老師是一個慢性子，所以說話也是慢條斯理的。在辯論時，她因為能仔細思考，所以能把自己的觀點闡述得十分圓滿。

而曹老師卻是一個急性子，說話做事都是火急火燎的，所以在辯論時，也總是急著說，思考的時間卻很少。所以，辯論的結果常常是張老師獲得最後的勝利。這一點讓曹老師很不服氣。

有一次，兩個人又因為學生學習的問題開始辯論，曹老師依然改不了急性子，可是不一會兒，她就詞窮了。她又氣又急的說：「每次說這類的事情，我都說不過妳，我們乾脆不要說這個了，我們就說說自己的女兒吧。」

辦公室裡的老師都知道，張老師的女兒因為動手術留下了後遺症，所以行動有點不便，而張老師平時最忌諱別人說自己的女兒。曹老師這樣做不過是因為辯不過張老師，惱羞成怒當面戳張老師的痛處。有個老師看不下去，對曹老師說：「我們的女兒都太醜了，沒有辦法和妳的女兒比。」

說話的這個老師有一個漂亮的女兒，大家都知道這是在諷刺曹老師。曹老師一時很尷尬，只好悻悻的坐下，不再說話。但是，從此以後，她想找人討論問題時，都沒有人願意和她說話。

每個人都有所長，亦有所短，沒有人是完美的。也就是說，每個人都有破綻。當你點破一個人的短處，不僅會使這個人感到難堪，還會使其他人心寒。其他人會覺得你太過分，甚至會擔心有一天你也會這麼對待他。這樣一來，大家就會對你產生不好的印象。

說話的智慧

即使人家不小心得罪了你，你也不能因為想報復他而當著很多人的面揭人之短，傷人自尊！當然，有時候揭短也是無意的，那是因為某事一不小心犯了對方的忌諱。有心也好，無意也罷，在待人處世中揭人之短都會傷害對方的自尊，輕則影響雙方的感情，重則導致友誼的破裂。所以，要想與人友好相處，就要盡量體諒他人，維護他人的尊嚴。

3 好好說對不起，不須下跪也能化解衝突

無論何時何地何事，只要你打擾到別人，都應當說聲「對不起」。

上下班的高峰期，道路上堵滿了車輛。一輛汽車裡坐著一個男子，他焦急的按了按喇叭，喇叭聲驚動了前面的一輛綠色電動車的車主。電動車車主轉頭看了一眼，沒好氣的說道：「催什麼催！」

汽車車主一聽這不客氣的話，原本焦急的情緒頓時變成了滿腔怒火。他打開車門衝上前去，指著電動車車主：「你怎麼說話？懂不懂禮貌？」

電動車車主被汽車車主手指一戳，加上一連串火藥味十足的問話，不禁大怒道：「我就愛這麼說話，關你什麼事啊！你有本事再動！」

氣氛瞬間變得緊張起來。汽車車主咧嘴瞪眼，威脅著要打電動車車主；電動車車主將車子停靠下來，一手從後座上抽出鎖車的鐵鏈拿在手上，另一

隻手指著汽車車主，說：「有本事你就再動我試試！」

汽車車主怒回：「就動你怎樣？我還打你呢！」說著揮起拳頭，一拳打過去。電動車車主冷不防被揍，心中那個恨啊，也不管臉上隱隱作痛的傷，回身掄起手中的鎖鏈就向汽車車主抽了過去……隨即兩人相互廝打在一起。

周圍有人發現了這裡的衝突，紛紛跑過來勸架，好不容易才將兩人分開。詢問事情的經過，電動車車主說對方亂按喇叭不對，還先動手打人，汽車車主說對方罵人不禮貌，惹人在先。眾人議論紛紛，一會兒覺得電動車車主過錯在先，一會兒又覺得汽車車主做事不對。眼看事情越鬧越僵。

這時，有個老人走了出來說道：「你們都不要爭了，這件事兩個人都有過錯。亂按喇叭不禮貌，隨便罵人不文明，動手打人更不應該，所以你們就互相道個歉，化解這段矛盾吧。怎麼樣？」

老人的話得到了大家的附和，但兩個當事人卻不同意，這個說：「我憑什麼要道歉啊，是他有錯在先，還動手打人！」那個說：「他不罵人，我怎麼會動手？應該他先道歉才對！」

老人聽了，笑道：「你們說的都很對，實際上你們道不道歉都無所謂，但是你們就為這麼點小事，作意氣之爭，搞成現在這副樣子，值得嗎？現在你們兩個人都頭破血流，形象全無。」

兩人頓時默不作聲。老人接著說道：「其實之前你們只要有誰先說一句『對不起』，根本就不會發生這樣的事情。你們是初次見面吧？遠日無怨，近日無仇，一句話就可以化解的矛盾，何必弄成像有深仇大恨一樣呢？」

可惜兩人都嚥不下這口氣，放不下面子道歉，最終還是鬧到派出所。

試著多說一句「對不起」、「沒關係」、「謝謝你」，換來的不僅有和諧的關係，還有一份好心情。

許多問題的關鍵，不在矛盾發生之後的解決辦法，而在於矛盾發生之前的處事方法。如果兩個人在之前採取正確的處事方法，便完全可以避免衝突的發生。

如果汽車車主能夠考慮到別人的心情，了解到別人也與自己一樣焦急，在胡亂按喇叭表達自己的情緒之後，能夠向被自己影響的人說一聲「對不起」，也許就不會引起後面的矛盾。

如果電動車車主聽到喇叭聲，能夠體諒別人的焦急，說一些體諒和安慰的話，或者能夠及時的為自己的失言行為說一聲「對不起」，也許就不會造成彼此的爭端，以至於後來的打鬥。

可惜兩個人都沒有體諒對方的心情，也沒有及時的認知到自己的錯誤，更沒有為自己的過失行為而道歉，以至於矛盾升級，衝突頓起，終至大打出手。如果當事人有一個能先說「對不起」，何至於鬧得不可開交？一句「對不起」就可以化解的怨氣，結果鬧到頭破血流的地步，只是因為一點兒小事，何其不值得！

說話的智慧

不論你做什麼事，有的人會受益，而有的人卻未必。無論何時何地何事，只要你打擾到別人，都應當說聲「對不起」。當你在公車上，不小心踩到別人的腳，要說「對不起」；大家一起吃飯，你要提前離開，應當對大家表示抱歉，說聲「對不起」；你遲到了，哪怕你有任何充足的理由，也要說聲「對不起」；兩人迎面而過，即使相距甚遠，根本不會碰撞，也應當說聲「對不起」。總之，你讓別人不高興，你就有義務對人說聲「對不起」。

4 有理更要讓三分

越是有理、強勢的一方，越要懂得退讓之道。這將讓人看到你的胸懷和氣度。

于右任先生是著名的書法家，他在一九五〇年遷居臺灣。許多商人知道于右任是書法名家後，為了讓自己的生意興隆，這些商人就在自己的公司、店鋪或者飯店門口掛起了一幅幅于右任題寫的招牌。這其中確實有一些是于右任親筆題寫的，但是多半都是贗品。

有一天，于右任的一個學生滿臉憤怒的對他說：「老師，中午我去一家小餐館吃飯時，竟然在那裡看到了一幅以你的名義題寫的招牌。光天化日之下，這些商人竟敢明目張膽的愚弄大眾，你說氣不氣人？」

當時正在練習書法的于右任聽到學生的話，驚訝的放下毛筆，緩緩的問道：「那塊招牌上的字寫得好不好呢？」餘怒未消的學生撇著嘴說：「不知道是出自誰的手筆，那個難看勁兒，就別提了！」

于右任沉思一會兒，說道：「這可不行！我得想辦法把它換下來，那麼難看，別人看到的話，豈不是要恥笑我？」於是他接著問學生：「那家餐館賣的東西有什麼特點，餐館的名字叫什麼？」

學生回答：「那是一家麵店，羊肉泡饃倒是做得很道地，餐館的名字叫作『羊肉泡饃館』。」隨後，于右任便揮毫潑墨，在一張大大的宣紙上寫下龍飛鳳舞的幾個大字——羊肉泡饃館，然後在落款處寫上「于右任題」，之後蓋上印章並吩咐那個學生送過去給那家店的老闆。

當那家店的老闆得到大書法家于右任的真跡時，激動不已，連忙換下原來的招牌，並向來人表示對于右任的歉意，同時還感謝他的大恩大德。此事過後不久，于右任的名聲在業界變得更加響亮了。

實際上，大名鼎鼎的書法家想要指責一家小餐館的老闆，是一件很簡單的事情，但是于右任先生沒有這樣做。他不僅沒有和傷害自己利益的人爭執，反而順勢而為，既解決了問題，又贏得了讚譽，這難道不是一舉兩得的好事？

凡事不要斤斤計較，這樣在得失之間才能求得平衡。當然，得與失相互轉化的效果，有時候並不是馬上就可以見到的，因此只有那些懂得其中奧妙的人，才會掌握取捨的主動權，讓退讓發揮出意想不到的效果。

在生意場上或外交場合，在個人之間、集團之間和國家之間，有時需要做出讓步。而有理還讓三分的做法，不僅體現美好的德行，還反映出高超的智慧。

在一家安靜的餐廳裡，突然響起一陣叫嚷：「服務員！服務員！來一下，快來一下！」一位顧客一邊高聲喊叫，一邊指著面前的杯子，臉罩寒霜，說：「你們的牛奶是壞的，把紅茶都糟蹋了！」

服務員看了一下，連忙笑著說：「真對不起！我馬上幫你更換。」

新的紅茶很快就準備好了，和先前的紅茶一樣。碟子裡放著新鮮的檸檬片，杯子裡盛著牛奶。服務員把杯碟輕輕的放在顧客面前，然後輕聲的對他說：「先生，如果你要放檸檬片就不要放牛奶，因為有時檸檬酸會造成牛奶結塊。」

那位顧客的臉一下子就紅了，他很快喝完了茶，匆匆的離開了餐廳。旁邊有人看到這一幕，笑著問服務員：「明明是他不懂，妳為什麼不直接說他呢？他那樣不禮貌的喊叫，妳為什麼不還以顏色？」

服務員輕輕一笑，說：「正是因為他不禮貌，所以我才要用婉轉的方式去對待；正因為道理一說就明白，所以我不用大聲。」

聽了她的話，餐廳的人都點頭笑了，對這個餐廳好感大增，同時也對這個服務員印象深刻。而那位原本粗魯的客人，後來也常常來這個餐廳，但是他從此和顏悅色、輕聲細語的與服務員寒暄。

講理是做事的前提，講理是天經地義的事情。但是，講理的目的並不是吵架、鬧矛盾，也不是爭強鬥勝，而是贏得支持。一個人要贏得支持，很顯然，不能以理壓人，而應該以理服人，這樣就需要學會讓人。

如果能夠學會在這些小事上，適當的讓人三分，用寬容之心待人，那麼許多衝突和矛盾是完全可以化解的。

有理也讓三分，不僅可以化解矛盾，還能夠讓彼此加深理解，增進友誼，對於建立融洽和諧的人際關係起到促進作用。做事要留有餘地，不把事情做絕，於情不偏激，於理不過頭。得理之時，不妨讓人三分。

理不直的人，才會用氣勢去壓人；理直的人，則應該用和氣來交朋友。只要不是原則問題，不妨讓著點，妥協一下，這樣才能更容易達到目的，獲得雙贏。

說話的智慧

越是有理、強勢的一方，越要懂得退讓之道。這將會讓人看到你的胸懷和氣度。

人生在世，不可能一帆風順，摩擦難免會有，遇到這種情況的時候，如果你總是斤斤計較，不知退讓，你的生活肯定會蒙上一層陰影，甚至會讓你狼狽不堪。相反的，如果你善於退讓，以和氣待人，那麼你的人生就不會有過不去的坎。

5 硬話軟說，保留對方的面子

有些話說得太露骨、太直白，就會有失分寸，不但讓人難以接受，甚至會引起不良後果。採取綿裡藏針的技巧，能維持和諧的人際關係。

展先生到新單位才一個多月，他卻覺得特別累、特別煩，讓他產生這種感覺的就是公司裡的財務主管陳哥。陳哥是老總的親戚，在公司裡挺有地位，不知為什麼，他對展先生沒有好臉色，還在背後說展先生的壞話。

展先生很無奈，他是新來的員工，為了工作的開展，他自然很想改善自己和這個財務主管的關係，可是每次自己的善意都打了水漂。陳哥根本就不理睬他的示好，他也就不想再討沒趣了。

這天，財務室通知展先生去領出差報銷費用。展先生接過錢一看，只有七百元，還少了六百多元，就拿著錢去找陳哥。

陳哥冷著臉說：「發票上就這些，你還想要多少？」說著把展先生的出差發票丟了過去。展先生一查發現少了一張住宿發票。可陳哥卻說：「你給我的就這些，誰知道你把發票弄到哪去了！」

展先生明白了，這一定是陳哥在搞鬼，他忍住氣，平靜的說：「發票交上去時，我用鉛筆在發票背面標上號碼，當時同事小王、小趙都在場，但現在發票卻少了。我要去找老總，如果老總也說責任在我，那我自認倒楣！」

陳哥這下傻了眼，也不說話了。展先生趁機又說：「陳哥，其實我也不想把小事鬧大，鬧到老總那不好，你說是不是？我想會不會是會計把發票弄丟了，最近事情這麼多，你也不可能都照顧到，要不你再找找！」

陳哥連忙點頭。下午時，親自拿錢給展先生，之後再也沒找過他的麻煩。展先生是個很聰明人，完全掌握了剛柔並濟的謀略，結果大獲成功。

現實生活中，每個人都可能遇到這種事，這時候你就要學習展先生那種剛柔並濟的策略。

採用剛柔並濟的手段一方面可以體現你的友善和通情達理，安撫他人的情緒，避免激化矛盾，造成激烈的衝突；另一方面又能顯示出你的威嚴和力量，逼迫對方，達成自己的目的。這種進退自如的手段，自古以來便常被人們所用。

還有一種綿裡藏針的說話術，同樣具有剛柔並濟的特點。就好像棉花表面看上去很柔軟、很舒服，但當你以為可以隨便倚靠的時候，它就刺你一下。這麼一刺，既可以是善意的提醒，也可以是狠狠的教訓。只不過，一切都在暗地裡進行，表面上彼此關係並沒有劇烈的衝突。

事實上，有些話是不宜說出或不宜直接說出來的，如果說得太露骨、太直白，就會有失分寸，不但讓人難以接受，甚至會引起不良後果。採取綿裡藏針的技巧，有利於維持和諧的人際關係。

說話的智慧

說話一味溫柔，久而久之，很容易被人誤以為軟弱；若一味強硬，則容易引起衝突。而剛柔並濟、軟硬兼施的說話方式，則可以避免偏激之害而得其利，這樣既可以保持和諧關係，又能震懾對方，讓對方投鼠忌器。

6 嘴狠，贏一時；心寬，贏一世

批評要虛心的接受，小摩擦要學會遺忘，胸懷大一點，前途也寬一點。

北宋名相韓琦，器量過人，生性淳樸厚道，不計較雞毛蒜皮的小事。功勞無人能比，官位升到臣子的頂端，不見他沾沾自喜；不被重用時，就回家享受天倫之樂。不管在什麼情況下，他都能做到泰然處之，不會被別的事物左右。

他在定武統帥部隊時，經常在夜間伏案辦公，這個時候，通常是有一名侍衛舉著蠟燭為他照明。有一次，那個侍衛一不小心走神了，燭火燒到韓琦的鬢角，但是，韓琦沒說什麼，只是急忙用袖子蹭了蹭，又低頭辦公。

過了一會兒他停下歇息時，發現舉蠟燭的侍衛換人了。韓琦擔心原來那個舉蠟燭的侍衛受到責罰，就趕快把侍衛長官喊來，告訴他說：「不要替換剛才那個侍衛，因為他已經懂得怎樣拿蠟燭了。」

後來，軍中的將士們知道此事，無不感動。因為侍衛舉著蠟燭照明時沒有全神貫注，把統帥的頭髮燒了，本身就是失職，但是韓琦一句責備也沒有，不但忍著疼，還怕侍衛受到鞭打責罰，極力替其開脫。

韓琦這種容忍比批評和責罰更能讓士兵改正缺點、盡職盡責，而且韓琦有這樣的容人度量，士兵們誰不願意為這樣平易近人的統帥賣命呢？

在韓琦鎮守大名府時，有人獻給他兩個玉杯，這兩個玉杯裡外都毫無瑕疵，是稀世珍寶。韓琦非常喜歡這兩個玉杯，每次大宴賓客時，總要命人專設一桌，在桌子上鋪上錦緞，將那兩個玉杯放在上面使用。

有一次在勸酒時，有一個官吏不小心把玉杯碰到地上，玉杯摔了個粉碎。在座的官員都驚呆了，碰壞玉杯的官吏也嚇壞了，他連忙趴在地上，請求韓琦治罪。

可是韓琦笑著對在座的賓客說：「大凡寶物，是成是毀，都有一定的時數，該好的時候就好，該壞時誰也保不住。」說著，又對趴在地上的官吏說：「你只是失手罷了，又不是故意的，我要治你什麼罪呢？」

玉杯已經打碎，再怎樣修補也不能復原，即使把那個打碎玉杯的官吏責罵、痛打一番，也只是徒勞。那樣不但會使眾位賓客十分尷尬，也會使那個官吏心生芥蒂，好端端的一場聚會便不歡而散。

韓琦說出這樣大氣的一番話，立刻博得了眾人的讚嘆，而那個做錯事的官吏對他更是感激。

有句名言：「寬容是在荊棘叢中長出來的穀粒。」能退一步，天地自然寬。在單位與同事相處時，也要用寬容的態度。主管的批評要虛心的接受，同事之間的小摩擦要學會遺忘，胸懷大一點，前途也寬一點。

小董是某知名大學畢業生，人很文靜。她在一家公家單位工作，單位裡要寫很多材料，她畢竟剛來，公文寫作還不是很熟，於是每次寫好後，她都要給同事老王看，待老王修改完，她再拿去請科長審查。

很快，小董的材料越寫越好，老王已經沒有什麼可以修改的了，可科長仍舊東塗西抹，不留情面。小董沒說什麼，依然是很謙和的請科長批改。老王憤憤不平，他認為科長的水準修改不了小董的文章。

老王以諷刺的口吻說：「他現在是科長，也只能夠修改科員的文章。」小董只是笑，一點兒也不介意。有時被老王說急了，她也只是說：「不就是改材料嘛，又不是修改我的人生。」

由於小董的謙虛勤奮與豁達，科長很賞識她，把她推薦給上級宣傳部門。有一次，上級要求科裡寫一個大材料，材料整理好後，科長讓人先送到宣傳部門，說是請上級把關。

兩天後，小董把材料修改好。科長再把這個材料呈報，結果得到了上級的好評。科長很滿意，說：「小董還真行，我沒有看錯人。」

小董請大家吃飯，老王私下對小董說：「妳應該要科長請妳吃飯才對，那文章是妳寫得好。」

小董說：「那怎麼行，我會寫材料本來就是你們教的，我得感謝你們才對。」老王又說：「這回科長再也不敢亂改妳寫的材料了吧。」

小董笑道：「沒有科長指點，我的進步也不會這麼快。」老王回去後，想起小董的話，又想到自己，感到很慚愧。

在工作中，如果能謙虛寬容，有氣量，不斤斤計較，那麼，同事之間就能化干戈為玉帛，多一些寬容和理解，相互間的關係也就會融洽很多。

世界由矛盾組成，任何人或事情都不會盡善盡美。無論是「患難之交」、「親朋好友」，還是「模範丈夫」，都是相對而言。不必羨慕別人，不要苛求自己，常用寬容的眼光看世界，友誼、事業和家庭才能穩固、長久。

說話的智慧

寬容是忍耐，丈夫的臭腳、妻子的髒頭髮、婆媳之間的矛盾，都要我們用寬容的眼光看，用忍耐的態度來對待。寬容是諒解，有人傷害過你，也不要記恨，多一分寬恕就多一分理解，隔閡由此可以化解。只要心胸豁達，就會獲得好人緣，有容乃大，自然也就多了成功的機會。

7 多把別人掛嘴邊，少吹捧自己

做人要謙虛，即便自己有能耐，也不能忘記他人對你工作的支持。

小王剛到公司不久，就做出了好成績，做了專案組長。同事小蘭很是讚嘆：「小王，你真是太強了，這麼快就升職了！」

「小意思啦，那個專案本來就簡單。再說，妳也不看看我是誰，我可是名校畢業的高材生，沒兩把刷子，怎麼混呢。」小王洋洋得意道。

小蘭連忙點頭稱是。

後來，小蘭跟同事小林說：「小王的組長做不長，小組肯定沒人會聽他的，更沒人會喜歡他。」

小林不相信。但不久之後，小林就驚訝的對小蘭說：「妳真神啊，全都被妳說對了，他們小組的組員有的去了別組，有的居然離職了。現在他幾乎成了光桿司令（按：比喻無人支持、沒有助手的領導人）。妳是怎麼看出來的呢？」

小蘭笑了笑：「他說話太狂了，恃才自傲，目中無人，成為光桿司令是必然的結果。」

有些人被虛榮心或榮譽心所驅使，總是在人前人後吹噓自我。如果每天他人看到的都是你在述說自己的豐功偉績，久而久之，朋友就會離你越來越遠。做人要謙虛，即便自己有能耐，也不能忘記他人對你工作的支持。總是強調自己有多麼了不起的人，又怎麼可能受到別人的歡迎呢？

有的人不僅自高自大，還喜歡打壓別人。要是覺得人家不如自己，就拚命的貶低，把人家說得一無是處，試圖顯示自己的本事和貢獻。這樣的做法是最不得人心的。若能待人客氣一些，就能夠避免許多不必要的麻煩。

老劉是一家建築公司的機械工程師，因為有很多年的實務經驗，所以老劉的技術在公司裡是數一數二的。最近，公司新來了一個比老劉年紀小的工程師，雖然工作的時間沒有老劉的長，但是技術卻不在老劉之下，這讓老劉心生嫉妒。

有一次，公司接到了一項大工程，在工程施工的過程中，機械出了一點故障，老劉弄了很久也沒有將故障排除，但是新來的工程師一小會兒就把故障排除了。大家紛紛稱讚這個新來的工程師，老劉站在一邊感到很難堪。

新來的工程師卻握住老劉的手，謙虛的說：「不要誇我了，是劉師父把前面的很多問題都解決了，我才能這麼快就弄好了這臺機器。如果不是劉師父做好了這些事情，我還不知道要花多長時間才能把這個故障排除呢。」

老劉聽到這樣的話，頓時覺得舒服多了，笑道：「哪裡、哪裡，還是你的技術高明，解決了最關鍵的問題。」

新來的工程師的說法，既沒有傷害老劉的面子，也沒有抬高自己的功勞，這樣做不但維護了老劉的尊嚴，也使得老劉放下了心中的怨念，同時，還讓人感受到了一種胸襟和氣度。

少吹捧自己，多把別人掛在嘴邊，是一種謙虛、有涵養的表現。不僅如此，我們還應該盡量抬高別人的地位，這樣做對於我們自己而言，是沒有壞處的。

說話的智慧

有些人才學、相貌、家庭等都十分出眾，令人羨慕。他們在與人相處時，常不看場合，大露鋒芒，表現自己，言談之中處處流露出一種優越感。這樣會給對方留下居高臨下的印象。甚至誤以為他有意炫耀抬高自己，因為對方的自尊心受到嚴重挫傷，對他也會敬而遠之。

故不論什麼時候，與人相處都要站在對方的立場考慮，控制情緒，保持理智平衡、態度謙遜、虛懷若谷，讓人感受到尊重和平等。

第四章

把無聊說到感動，我一定要跟你聊超過15分鐘

1 有梗，就能聊出好人緣

當個有趣的人，不僅能給他人留下美好的回憶，也為自己下一次與對方交流創造了機會。

唐代汪倫住在安徽涇縣桃花潭畔。他與李白素不相識，卻十分仰慕這位大詩人，很想一睹「詩仙」的風采，和他交個朋友。恰好李白遊歷名山大川來到皖南。汪倫覺得這是結交李白的好機會。

可是怎樣才能把李白邀來呢？他想到李白喜歡桃花和酒，便靈機一動，寫了一封邀請函給李白。信上說：「先生好遊乎？此地有十里桃花。先生好飲乎？此地有萬家酒店。」

李白接到此信，欣然而至。見面寒暄已畢，李白說：「我是特地來觀看十里桃花，品嘗萬家美酒的。」

汪倫回答：「此地確有十里桃花，就是十里之外的桃花潭；也有萬家酒店，就是桃花潭西一個姓萬人家開的酒店。」

李白聽罷，方知自己「上當」了，不禁大笑不已。他知道汪倫出於一片真情，毫不怪罪對方的玩笑之語。兩人一起遊玩數日，十分投合。分別時，兩人已成了相交甚厚的朋友，李白感激汪倫待己的盛情，寫下了〈贈汪倫〉這首歌頌友情的千古絕唱：「李白乘舟將欲行，忽聞岸上踏歌聲。桃花潭水深千尺，不及汪倫送我情。」

為什麼李白會與汪倫做朋友？因為汪倫是一個有趣的人。有趣的人總是受人歡迎，因為他們能夠營造融洽的交流氛圍，讓人感受到輕鬆與快樂。

小于人稱「于大本事」。其實他的身分並不顯赫，社會地位也不高，平時就是出售服裝，做點兒小生意，但他的影響力絕對一流，他的圈子很廣，三教九流他都能玩得轉，有什麼事只要找到他，基本上都能搞定。他為什麼這麼有本事呢？

因為他是一個有趣的人。

有一次，小于和一個身分相當高的朋友出去吃飯，那朋友喝多了，酒後吐真言，感慨的說：「我活著最大的樂趣就是和哥哥你喝酒、聊天，聽你講笑話。我看見你就覺得放鬆。真的，你別看我平時風光，那都是假的，活得很累，只有和你在一起喝酒時，我才覺得自在快活。」

這事說明幽默的力量。小于不過是個小商販，可他能說會道，見多識廣，是個非常有意思的人。天生的幽默感，使他的一言一行都能讓人開懷大笑。無論任何場合，只要有他在，絕對不冷場，絕對是好戲連臺。

他的一個眼神或一句話都能夠讓你捧腹大笑。他搞笑的段子張口就來，不用思考，說得恰到好處。所以，大家都喜歡他，但凡和他吃過一次飯的人，下一次都會記得叫上他，沒有他在，大家都感覺心裡空落落的。這就是「于大本事」的真本事。

每個人都喜歡有趣的人，尤其是在這個生活節奏很快、壓力巨大的年代，人人都喜歡開心果。你是個有趣的人，那你在世界的任何一個角落都受歡迎。

有一次，小于出差，在機場大廳等候班機時，他與鄰座的男士攀談了起來。那位男士帶著一個小男孩，由於孩子調皮好動，他漸漸有些不知所措。這時，大廳中提示登機的廣播響起。小于站起身來，同情的拍了拍男士的肩膀，說：「保重，老兄。」

那位男士感到奇怪，不明白這位萍水相逢的人，為何要如此鄭重其事的與自己道別。而小于接下來的一句話把他給逗樂了：「地球上，沒有比七歲的小男孩更可怕的生物了，他們有好奇心、行動力、破壞力，以及《未成年人保護法》。」

那位男士聽完，哈哈大笑，和小于交換了名片。回到家後，每當為兒子的調皮傷腦筋時，就會想起他的趣話，還會主動撥電話給小于聊天。就這樣，這位男士成了小于的商業合作夥伴。

像小于這樣有趣的人，根本不用費心思主動搭訕，就能夠把陌生人吸引到他的身邊，這種變被動為主動的本事，就是依靠幽默獲得的。幽默風趣的談吐，不僅給他人留下了美好的回憶，也為自己下一次同對方交流創造了機會。假如你有這樣的幽默感，你也會成為一個廣受歡迎的人。

★說話的智慧

若你想成為風趣幽默的人，可以進行一些訓練：第一，廣讀博學，長期積累，訓練自己的語言表達能力；第二，多搜集，多思考，把一些幽默的段子爛熟於心；第三，多效仿，多鍛鍊，平時留意一下那些幽默有趣的人是怎樣說話做事的，模仿他們的言行，如果你身邊沒有這樣的人，你也可以模仿電視上的小品或相聲演員；第四，樂觀豁達，心胸開闊，體諒他人，而且善解人意；第五，保持自信，自卑是社交的大忌，你要相信自己是個受歡迎、有魅力的人。

2 尷尬的事要幽默的說

旁敲側擊，巧找藉口，能幫助你避免尷尬，活躍氣氛，達到目的。

有一個小夥子到未婚妻家吃飯，接受準岳父母的考驗。未婚妻特別叮囑道：「我們家裡有個規矩，客人不能給自己添飯，否則的話，會被認為不禮貌，你可千萬得記住啊！」

小夥子答道：「飯來伸手，我又何樂而不為呢？」

沒想到的是，在吃飯時，未婚妻和準岳母隨便吃了一點就去做別的事了。而準岳父幾杯酒下肚，話匣子打開，開始眉飛色舞的神侃，根本就沒有注意到準女婿的飯碗早已空空如也。

小夥子見滿桌的美饌佳餚，舉箸沉思，靈機一動，便計上心來。他開口道：「伯父，你們有打算要修房子嗎？」

準岳父說：「修倒想修，就是眼下木料吃緊。」

小夥子接著說：「我有個朋友有批木料，還是柏木，最小的就有這麼大。」說著，他把碗一舉。

準岳父發現他的碗裡早就空了，趕緊叫道：「老婆子快添飯！」

小夥子順利度過了這一難關，又吃到了飯，便不再提木料的事，可是準岳父卻還掛念著這事。他繼續問：「你剛才說的那批木料，他賣了嗎？」

小夥子夾了一口菜道：「他先前沒有飯吃，打算賣，現在實行了責任制，有飯吃了，他就不賣了。」

要知道，許多人遇到這種情形，因為怕失禮，往往強忍飢餓，裝成吃飽的樣子放碗離席。如此倒是全了禮數，卻委屈了自己的肚子。這個小夥子卻非常聰明，巧妙的找到一個話題，讓準岳父感興趣，並借機展示自己的空碗，從而達到了目的。

而且，最後他還隱約的點出自己談這個話題的動機，讓未來的岳父明白他的意思，如此幽默的提醒，讓準岳父對他刮目相看，連說：「這小夥子聰明機靈，十分要得。」

如果他直接說：「我的飯沒了。」或者說：「還有飯嗎？」那麼身為主人，往往就會覺得很丟臉——竟然沒有注意到客人的飯碗空了，實在是照顧不周。

有的主人還會覺得：「這孩子倒也老實，只是看上去一副傻模樣，腦袋瓜好像不太好使。」

那如果忍著不說呢？那就只有餓著肚子了。而且，小夥子回到家裡還不能埋怨，否則準岳父會想：「餓著肚子，還不知道說？這個小夥子可真傻，膽子好像也不大，我女兒能嫁給他嗎？」

很顯然，故事裡的小夥子不傻，他採用了一種幽默的提醒方式，機靈的提出了自己的要求，讓準岳父對他另眼相看。小夥子與準岳父的談話，相互之間還存在一些顧及，所以幽默提醒非常婉轉。而朋友之間，不需要虛假的客套，互相打趣甚至嘲諷一下反能增進友情。

比如，到朋友家，吃飯時間到了，你不必假模假樣的說：「吃過了」，儘管痛快的飽餐即可。即使朋友沒有為你準備飯，也可以開玩笑，提醒朋友別忘記招待你吃飯。

有一天，老李到朋友家拜訪。這位朋友是個愛好音樂的人，他拿出各種樂器，一件一件的演奏給老李欣賞。就這樣一直過了中午，老李肚子早餓了，可是朋友還在沒完沒了的撥弄樂器。

朋友興致勃勃的問老李：「老兄，你說世界上什麼聲音最好聽？是二胡，還是笛子，抑或是小提琴？」

老李回答說：「朋友，這會兒，世界上什麼聲音都沒有飯勺刮鍋的聲音好聽呀！」

旁敲側擊，巧找藉口，能為你在尷尬中找到一個很好的解決方法，但得注意在語言表達上一定要溫婉謙和，否則效果可能會適得其反，只有正確而巧妙的運用了幽默這種說話方式，別人才愛聽。

特別是初次交談時，彼此陌生而導致的拘謹，使一些本該輕鬆平常的事也會遇上尷尬。這時最巧妙的方法便是採用旁敲側擊的方法，讓對方明白你的意圖和苦衷，這樣妙找藉口，藉以脫身。生活中常常會有許多意想不到的情形出現，令毫無準備的你感到十分難堪，有的人往往會手足無措，陷於困境當中，只能委屈自己。而聰明的人則會用幽默的眼光來看待它，從獨特的視角出發，找出解決問題的辦法。

說話的智慧

巧找藉口、旁敲側擊的幽默提醒就是一種有趣而實用的客套話方法，使用這一方法，可以幫助你避免尷尬，活躍氣氛，達到目的。透過挖掘出一些可供借鑑的東西，並不失時機的用巧妙含蓄、溫婉謙和的方式表達出來，不僅避免了尷尬，還能在笑聲中增加彼此的了解和信任。如此，豈不是一舉多得？

3 自嘲，是最不傷人的圓場

自嘲不會傷害他人，最為安全。用自嘲來對付窘境，不僅能很容易找到臺階，而且會產生幽默的效果。

古代有個石學士，有一次騎驢不慎摔在地上，一般人一定會不知所措，可是這位石學士不慌不忙的站起來，說：「虧我是石學士，要是瓦的，豈不摔成碎片？」一句妙語，說得在場的人哈哈大笑，石學士也在笑聲中免去了難堪。

後來，有一位胖子不小心摔倒了，場面很尷尬，當時這個胖子想起石學士的故事，便靈機一動，拍了拍身上的灰塵，輕鬆的舒了一口氣，說：「如果不是這一身肉托著，不就骨折了？」

上面的例子，都是透過自嘲，達到化解尷尬的目的。這就是自嘲的妙處。

某人要出國進修，他的妻子半開玩笑的說：「你到那個花花世界，說不定會看上別的女人！」

他笑道：「妳瞧瞧我這副模樣，瓦刀臉、O型腿，站在路上怕是人家眼角都不撩呢！」一句話把妻子逗樂了。

人人忌諱提自己長相上的缺陷，可這位丈夫卻能夠接受自己的先天不足，並不在意的自揭其醜、自曝其短。這樣的自嘲體現了一個人的智慧和胸懷，比一本正經的向妻子發誓決不拈花惹草，效果不是更好嗎？此時他在妻子眼裡，一定變得忠誠可信。

在社交場合中，當你陷入尷尬的境地時，借助自嘲往往能從中體面的脫身。

在某俱樂部舉行的一次招待會上，服務員倒酒時，不慎將啤酒灑到一位賓客那光亮的禿頭上。服務員嚇得手足無措，全場人目瞪口呆。這位賓客卻微笑的說：「老弟，你以為這種治療方法會有效嗎？」在場的人聞聲大笑，尷尬局面即刻被打破了。

這位賓客借助自嘲，既展示了自己的大度胸懷，又維護了自我尊嚴，消除了恥辱感。

適時適度的自嘲，不失為一種良好的修養、一種充滿活力的交際技巧。自嘲，能製造輕鬆和諧的交談氣氛，能使自己活得灑脫，使人感到你的可愛和人情味，有時還能更有效的維護面子，建立起新的心理平衡。

文學家郭沫若於一九五五年重返日本九州大學做了一次演講，九州大學是他的母校。

他說：「在這裡我要向我以前的老師表白，我作為一個醫科大學生，事實上不是一個好學生，福岡的景色太美了，千代松原真是非常的美麗。由於天天都面對這樣好的景色，我在學生時代就不用功，對於醫學沒有認真的研究，而跑到別的路上去。」

他頓了頓，接著幽默的說：「當時我在教室裡聽先生講課時，就一個人偷偷的在課本上作詩了。」

這番自我爆料的幽默話語，使得在場的學生們頓時覺得眼前的名人變得平易近人，因此，現場爆發出歡快的笑聲。

我們聽相聲，有的演員談到自己長得不帥時，會說：「我這模樣有點對不起觀眾。」在談到禿頂時說：「聰明的人兒不長毛。」提到夫妻關係時說：「我怕老婆？哪可能，就是見到她發怵。」

懂自嘲的人有魅力，這話一點兒也不假。通常他們的人際關係都很和諧，是團體中的明星人物，和朋友的友誼「像酒一樣濃」。這是因為懂得自嘲、幽默的人，可以為單調呆板的生活增添色彩。

自嘲表面看來雖然自己有點吃虧，但卻能夠輕易的建立親和的形象。周圍的朋友會覺得你輕鬆、自在，是個「開得起玩笑」的人，因而樂於接近你。

人際交往中，在人前蒙羞、處境尷尬時，用自嘲來對付窘境，不僅能很容易找到臺階，而且會產生幽默的效果。所以自我解嘲，是很高明的一種脫身手段。

說話的智慧

能夠自嘲的人是智者中的智者，高手中的高手。自嘲是自卑者不敢使用的方法，因為它要你自己「罵」自己的問題，也就是要拿自身的失誤、不足甚至生理缺陷來尋開心，對醜處、羞處不予遮掩、躲避，反而把它放大、誇張、剖析，然後巧妙的引申發揮，自圓其說，博得大家的一笑。沒有豁達、樂觀的心態和胸懷，是無法做到的。

可想而知，自以為是、斤斤計較、尖酸刻薄的人難以望其項背。自嘲最不會傷害他人，也最為安全。你可用它來活躍談話氣氛，消除緊張；在尷尬中自找臺階，保住面子；在公共場合獲得人情味；在特別情形下刺一刺無理取鬧的小人。

4 別直來直往，加點調味，一點

不要調侃別人，尤其是在別人犯錯時。

北宋著名文學家蘇軾在做翰林學士時，在宰相王安石門下做事。王安石很器重他。然而蘇軾才華不凡，加上性情倜儻不羈，對王安石這位主管說話就不太敬重，結果鬧出許多不愉快。

有一次，王安石談到坡字，說：「坡乃土之皮。」蘇軾聽了，就開玩笑的說：「如果照你這樣說的話，那麼『滑』字就是水之骨了。」聽著蘇軾調侃的口吻，王安石很不高興。

又有一次，王安石說：「『鯢』（按：音同泥）字從魚從兒，合是魚子。四馬曰駟，天蟲曰蠶，由是觀之，古人造字，定非無義。」

蘇軾聽後，拱手進言道：「如此，『鳩』字九鳥，想必也是有一定道理的。」王安石不知蘇軾是嘲笑之言，忙問：「哦，怎麼講？」蘇軾笑道：「詩云『鳴鳩在桑，其子七兮』，七隻小鳥再加上牠們的爹娘，不正好是九隻嗎？」

王安石這才知道蘇軾又在調侃自己，因此對蘇軾的印象很不好，覺得他為人輕浮、狂妄自大，不可以擔當大任。不久之後，蘇軾被貶為湖州刺史。

三年後任期結束，蘇軾回京拜訪王安石。書童把蘇軾引到書房等候時，蘇軾見到書桌上放著一方素箋，原來是一首只寫了兩句的詩，主題是詠菊。蘇軾把這兩句唸了一遍，不由叫道：「這兩句詩不通啊。」

詩是這樣寫的：「西風昨夜過園林，吹落黃花滿地金。」為什麼蘇軾覺得這句詩不通呢？原來他認為，西風應該是在秋天才吹起，而菊花在深秋盛開，開得也是最久，即使焦乾枯爛，也不會落瓣。

這樣一想，蘇東坡就按捺不住了，於是他就依著前兩句的韻律添了兩句：「秋花不比春花落，說與詩人仔細吟。」

王安石回來一看，知道蘇軾來過，心想：「這個年輕人是真有才華，可是到下面歷練了這麼久，依然還是這樣輕浮傲慢，沒有穩重的樣子，用他只怕要誤事，他還需要歷練。」第二天，詔書發下來，蘇軾再次被貶為黃州團練副使。

同樣是幽默批駁，東方朔的做法卻得到了漢武帝的認可。

漢武帝好大喜功，問東方朔：「先生看我是什麼樣的君主啊？」東方朔明白漢武帝的心思，便回答說：「自唐虞之後，到周朝的成康盛世，沒有一位國君可以和你相比。以臣看，皇上的品德在五帝之上，功勳在三皇之前。正因為如此，天下仁人志士和賢達之人都來投奔和輔佐你。比如周公、召公為丞相，孔丘為御史大夫，姜太公為將軍……」。東方朔一口氣將古代三十二個治世能臣都說成了漢武帝的大臣。漢武帝聽到這裡大笑不止。

但凡有點智商的人，也能聽出東方朔的幽默話語裡帶有揶揄的味道，但是他偏偏能夠說出這些話來，使漢武帝開心。漢武帝笑過之後，難免會思考一下自己與古代聖王之間的差距，仔細比較之後，他感到自己確實不如古之聖王。

漢武帝晚年很希望自己長生不老。有一天，他和東方朔談起了這個話題。他說：「相書上說，一個人鼻子下面的人中越長，壽命就越長，人中長一寸，能活一百歲，不知道是真是假？」

東方朔一聽漢武帝的話，就知道這個皇帝又在做長生不老的白日夢，臉上頓時露出一絲譏諷的笑意。漢武帝見後，很不高興，喝斥道：「東方朔，你是要笑話我嗎？」

東方朔連忙收斂笑容，恭恭敬敬的說：「陛下，我怎敢笑話你呢？我是在笑彭祖。」

漢武帝問：「哦，你為什麼要笑彭祖呢？」

東方朔笑著回答：「據說彭祖活了八百歲，如果真像皇上說的那樣，一寸人中能活一百歲，那彭祖的人中不就有八寸長了，那麼他的臉豈不是太難看了？」

漢武帝聽了，也哈哈大笑起來。

東方朔幽默的說話方式，與前面蘇軾調侃王安石的說話方式有些類似，但是他們的結局不一樣。同樣是面對上級領導者，蘇軾的調侃之語為王安石所厭惡，而東方朔的調侃話語最終得到了漢武帝的認同。為什麼會如此呢？

這是因為東方朔的智慧與蘇軾不同：蘇軾的智慧是文人雅士式的，骨子裡透著清高和傲氣，他的調侃當中有一種看不起的意味；而東方朔的幽默智慧則是俗世渾人式的，骨子裡透著親和力，他的調侃總是能給人帶來歡樂，而不會讓人覺得傷了尊嚴。

關於這兩種幽默之間的區別，你是否能夠領悟呢？在我們的生活中，有許多人不能區分這兩種幽默，結果許多人的幽默變成書呆子式的，完全不接地氣，不能愉悅人心。

最後，要說的是，千萬不要以為東方朔這種俗世渾人式的幽默智慧是市井俚語，沒有什麼學問。事實上東方朔本人的學識淵博，要不然他也無法說出那麼多古代治世能臣的名號。因此，東方朔真正的智慧在於知道在什麼時候、什麼場合，說什麼樣的話效果最好。

正因為把握好了這樣一個原則，東方朔能用笑彭祖的辦法來諷刺漢武帝的荒唐，批駁得機智含蓄、風趣詼諧，而令正在發怒的皇上也不禁哈哈大笑起來，愉快的接受了這種批駁。這種說話的智慧非常高明。

說話的智慧

不要調侃別人，尤其是在別人犯錯時，調侃別人的錯誤無異於揭人之短。當然，如果你掌握了東方朔式的說話智慧，那又另當別論。簡單的說，若是你想調侃別人，讓別人接受你，那麼你就要讓你的幽默言語充滿親和力，而不能一味的諷刺，把他人當傻瓜來戲耍。

5 再好的關係，有三種玩笑開不得

太過火的、傷人自尊的，以及侮辱人格的玩笑，不能開。

古代有個叫魏鵬舉的年輕人，才十八歲，就中了舉人，風光無限、意氣風發，早早就娶了美貌嬌妻。

結婚才一個月，魏鵬舉又不得不離開妻子，進京趕考。臨別時，妻子依依不捨，對他說：「相公啊，記得想我。考不考得上，都不打緊，要緊的是早點兒回來！免得我在家惦記。」

魏鵬舉瀟灑笑道：「功名兩字，早已經是我的囊中之物。放心，妳就等著看吧。」於是啟程到京應試，果然一舉成名，榜眼及第。魏鵬舉少年得志，自然高興，當下便修書一封，派人接取家眷入京。

魏鵬舉在書信中先講了在京的基本情況以及考得功名的事情，最後開玩笑，寫下這麼一行字：「我在京中早晚無人照管，已經納妾，專候夫人到京，同享榮華。」

魏夫人接到書信，拆開一看，便有些生氣，說：「相公就是一個負心賊，剛考下功名，就納妾了。真是太可惡了！」

送信的家人說：「怎麼可能呢？根本沒有的事。我在京城那麼久，也沒見公子納妾。夫人，這多半是公子開玩笑的話，等夫人到了京城，妳就知道事情的真相了。」

魏夫人聽到家人這樣說，心裡才好受一些，說：「這還差不多，不枉我一直惦記他。」這邊放下怨懟的心思，那邊急切見夫君的心思又起來了。於是，魏夫人急急忙忙收拾東西，準備進京。但由於東西太多，車馬不便，一時半會兒也到不了，魏夫人便只好先托人寄一封信給丈夫，以報平安。

魏鵬舉在京接到信，只見上面寫道：「你在京中納妾，我在家中也嫁了一個小相公，過不了多久，我就和他一起來京城見你！」

魏鵬舉讀完這封信，頓時大笑。就在這個時候，一個進士及第的同學來訪，看到那封信，搶了過來，接著朗誦起來。魏鵬舉措手不及，臉都紅了，說：「那是玩笑話，沒有的事。」

那同學笑道：「這樣的事情可不能開玩笑啊！」結果不久之後，關於少年榜眼的有趣家書一事，便傳遍了京城。這個時候，嫉妒他的人，奏了他一本，說：「榜眼雖然有才，但是年少德行不修，不知檢點，不適合擔任朝內的重要職位，最好到地方上去擔任基層官員，多歷練、歷練。」

於是本來有機會進翰林院的魏鵬舉，就這樣被「下放」了。

一句玩笑話，結果耽誤了好前程。由此可見，幽默雖然很好，若不能恰當使用，也會帶來麻煩，使自己尷尬。

開玩笑要注意場合、地點、時間和對象，如果是在不對的地點、不對的場合、不對的時間，對不適合的人開玩笑，這樣的玩笑不僅起不到活躍氣氛的效果，而且還會適得其反，造成誤會，甚至釀成悲劇。

小王和小張平時愛開玩笑，幾天沒有見，一見面就說：「你還沒有死呀？」對方也不計較，回了一句：「我等著給你送花圈呢！」兩個人哈哈一笑了事。

後來小王因病住進醫院，小張去醫院看望，想逗逗他，就說：「你還沒有死呀？」這一次，小王變臉生氣的說：「滾，你滾！」小張被趕了出去。

人家正在病中，心理壓力很大。小張在病房裡對病人說「死」，顯然是沒考慮場合，人家怎會不反感、不惱火？即便他是好意，想使對方開心，只可惜他缺乏場合意識，不該在這種場合開玩笑，使自己的話變得不得體，鬧得不愉快。

這個事例說明，有些人說話之所以惹惱人，並不是因為他們不會說話，而是因為場合意識淡薄。所以，這些人的當務之急在於增強場合意識。懂得不同場合對說話內容和方式做調整，隨時不忘看場合說話。

除了要注意場合之外，還要注意開玩笑的對象。尤其要注意的是，盡量不要開主管的玩笑，以免造成不必要的尷尬。

小唐在一家報社做記者，他是個不拘小節的人，而且特別愛和他人開玩笑。有一天，報社的同事來到報社主任老楊的家裡做客。老楊剛當上報社主任不久就開始「發福」，原來高瘦的身材逐漸胖了起來。

聊了一會兒，小唐突然對老楊說：「哎呀，楊主任，你現在的飯量是不是特別大呀，怎麼胖成這個樣子？你拿鏡子照照，你的臉胖得都看不到眼睛了，再這樣胖下去可不得了啦！」

在場的所有人聽了都大笑起來。其實小唐的本意是想說幽默話，並不是刻意諷刺老楊，但是老楊卻不這麼認為。在大家笑過之後，老楊沒說一句話，十分難堪的轉身走了。

任何事情都要有度，開玩笑也一樣，要講究分寸，否則，便會適得其反。有三種玩笑開不得：

1 過火的玩笑開不得。

有個人喜歡開玩笑，有一天看到男同學夫妻倆在散步，便裝作風塵女子打電話給男同學，弄得男同學的妻子誤會，大鬧一場，後來經過一番解釋，這對夫妻才言歸於好。開這樣的玩笑，既傷害別人，又給人留下輕率的印象，實在無聊。

2 傷人自尊的玩笑開不得。

有人不顧別人感受，當著眾人的面，叫朋友的綽號，諸如「矮子」、「傻瓜」等，這種叫法很不好，建立在別人痛苦之上的玩笑會令人反感。

3 侮辱人格的玩笑開不得。

有人看到姓朱的朋友，有意識的大喊「豬八戒」，看到屬猴的人稱之為「猴頭」，不僅傷人自尊，還給人留下沒素質的印象，惹得朋友厭煩。

★說話的智慧

幽默應該注意分寸，要看場合、分對象，該莊重時應莊重，千萬不要戲弄別人。總結來說，幽默的基本原則是，少開別人的玩笑，多開自己的玩笑。特別是一些不太擅長幽默談話的人，最好不要隨便開玩笑。而自以為幽默的人，則要不時問一問自己：「開這麼一個玩笑，合適嗎？會不會冒犯他人？」設身處地的想一想，會讓你的幽默更有效果。

第五章

好好說話，
做一個讓人感覺
舒服的人

1 失敗時反省自己，成功時感謝他人

放低自己，肯定他人，給他人一些榮譽，這將讓你得到更多支援。

曹操打敗袁紹後，就決定北征烏丸。但是，當時許多人都反對曹操攻打烏丸，反對的理由有兩條：第一條，烏丸是少數民族，不值得去打；第二條，勞師遠征，後方空虛，若南方的劉表乘虛而入，該怎麼辦？

而曹操卻認為，袁紹對烏丸是有恩的，現在自己戰勝了袁紹，但袁紹的兒子卻跑到了烏丸，若是他們兩個聯手，將對於統一大業極為不利。於是曹操出兵了。

結果，這一場仗取得了勝利，但是勝得非常艱難。曹操付出了慘重的代價。班師回朝後，曹操便要手下查當初那些反對攻打烏丸的人。那些人聽到這個消息，個個惶惶不安，都以為要大禍臨頭了。

誰知，曹操突然宣布給這些曾經反對北征的人重賞。大臣們都非常驚訝，便問曹操為什麼？曹操解釋說：「你們這些人勸我不要打烏丸是正確的，我此次獲得勝利，完全出於僥倖，這是我的錯誤。希望你們繼續給我提建議，以免我再次走入險境。」自此，手下的人更加忠誠於曹操。

若你想要獲得更多人的支持，那麼就要學會肯定別人的貢獻。當你獲得成功時，不要只想著標榜自己，而應注意別人做出的努力和貢獻。因為你已經獲利，這時，就要放低自己，肯定他人，給他人一些榮譽，這將讓你得到更多支援。

葉先生是一家雜誌的主編。他平時在部門裡上下關係都不錯，而且很有才氣，工作之餘經常寫點東西。周圍的人對他都很佩服。

有一次，葉先生主編的雜誌在一次評選中獲得了大獎，他感到榮耀無比，逢人便提自己的努力與成就，同事自然不會駁他的面子，紛紛向他表示祝賀。但是過了一個月，他卻發現部門同事似乎都在跟他鬧矛盾。

一開始他還不當一回事，但這樣的矛盾頻繁出現，讓他很煩惱。仔細一琢磨，顯然同事是故意的。但他不知道同事為什麼會這樣做？後來還是好哥們提醒：「雜誌獲獎了，這麼重要的事情，有沒有感謝主管的提點、同事的支持呢？」葉先生這時才恍然大悟。

就事論事，這份雜誌能得獎，主編的貢獻很大，但這也離不開其他人的努力，而葉先生忽略了這一點，連一句感謝的話都沒有，彷彿獲得這個獎與其他的人都無關一樣，當然會使其他同事心裡不舒服。

所以，當我們取得了某些成績時，一定要注意表達感激之情。對於他人做出的努力和付出的汗水，不能視而不見。

徐小姐畢業後的第一份工作是在一家企業做業助。由於是新員工，沒有特別重要的活兒。她要做的事，就是協助主管整理標書。徐小姐覺得工作簡單，根本沒有什麼技術含量，因此並沒有特別認真下功夫，結果主要的工作都是另外幾個同事做完的。然而讓人氣憤的是，她竟然將功勞歸自己所有。她的行為讓同事們大為反感。不久，業務部進行考核，要求員工分組合作完成專案。由於徐小姐「吃獨食」的行為在前，幾乎沒有人願意和她同一組。最後徐小姐只好獨自繼續做整理標書的工作，但是因為前期沒有認真工作，缺乏經驗，又沒有人幫襯，她的工作出了問題。主管對她很失望，不久之後，她就離開了這家企業。

徐小姐遭遇事業滑鐵盧，不僅因為她的工作態度有問題，還因為她獨吞功勞。如果徐小姐沒有「吃獨食」的行為，也就不會被孤立，遇到棘手的問題，至少也能得到別人的幫助。與之相比，馬小姐的做法完全不同。

馬小姐剛畢業就被一家大企業錄用，而且還被分配到企業最重要的部門——設計部。不久，公司準備競投一個大專案，設計的工作就由馬小姐所在的部門負責。部門的經理召開會議，向大家徵集設計方案。

馬小姐為了做出成績，每天都加班到很晚。其他的人都下班了，她還在工作。終於皇天不負苦心人，馬小姐的設計方案脫穎而出，成為公司競標的首選方案。而經過激烈的競標，馬小姐的設計不負所望，最終為公司拿下了這個項目。公司的負責人很高興，要求設計部給馬小姐記嘉獎。

設計部經理把馬小姐叫到辦公室，把獎金放到她的面前，說：「這次妳確實為公司立了大功，這些是公司獎勵給妳的。」

馬小姐覺得，自己如果真有能力完成一件很出色的設計，就不必在乎這一次的榮譽，因為以後這樣的機會還有很多，所以讓出自己的成績，對自己以後的發展是有百利而無一害的。

因此，馬小姐回：「如果沒有經理力挺我的設計，我也不會這麼容易就得到這些榮譽。還有，當我在做設計時，很多同事都給了我很大的幫助，我還沒有感謝他們。所以是大家的功勞，我怎麼能一個人拿這筆錢呢。」

經理看著馬小姐，覺得這個年輕人有這樣的度量和氣魄非常了不起，不但把自己的成績與大家一起分享，連獎金也要平分給大家。馬小姐的表現頓時在經理的心裡獲得了很高的分數。

經理笑道：「妳有這份心就很好，但是，一碼歸一碼，這個獎金是妳應得的，要是分了，以後就沒有人願意努力付出了，不能這麼做。」

同事對馬小姐的印象本來就不錯，聽說她不僅沒有獨享利益與榮譽，還有要與大家分享的想法，頓時感覺心裡暖暖的，對她的印象越來越好了。

當你建立功勞時，就已經使上級對你的才能有了信心。而此時，你又能不忘他人的努力和付出，將自己獲得的榮譽與他人分享，這會使你的形象在他的心目中變得更有吸引力。

說話的智慧

不要忘記他人的努力和付出，即使他人的付出很少，甚至根本沒能幫上你的忙，也不要忘記說一聲「謝謝」。比如朋友幫了我們的忙，感謝是不可缺少的，即便對方沒有幫上你的忙，這一句感謝也是不可少的：「張哥，昨天那事你受累啦。」不要小看這樣一句客套話，若是沒有，很可能會讓人感到失落。

對方為你的事情花費了心神和時間，雖然沒能幫上你，但是這份情，你應該領。因此，好好的說一句感謝的話並不為過。若不然，對方就會覺得你這個人不懂事，由此而變得冷淡。

2 對待利益，先小人後君子才能互惠互利

親兄弟明算帳，凡涉及財貨等利益問題最好擺到檯面上，先講清楚，然後再講情誼。

老林和老韓是好哥們兒，不久前，老林找了一份保險經紀人的工作，為了提高自己的業績，他發動好哥們老林幫自己拉客戶，並且承諾只要老林幫自己拉一個客戶，便給老林一千元的佣金。由於老林有著寬廣的人脈關係，沒多久，他就幫老韓拉了十幾個客戶。借著老林的幫助，老韓很快就升職做了主管。

但是老林有些不樂意了，因為自己根本沒有得到任何佣金。他幾次暗示老韓承諾的給佣金的事，但是每次老韓都像沒有聽見似的。於是，老林只好挑明的說：「老韓，你當初說拉一個客戶就有一筆佣金，而我已經幫你拉了

十幾個客戶，你也如願做了管理職，可是我的佣金，你卻沒給過一分呢？」

老韓拍了拍腦袋，道：「你看我這記性，佣金是有的，現在就給你。」說著就掏出四千多元，遞給老林。老林一看，便道：「你不是說一個客戶一千元？怎麼就這點錢？」

老韓拍了拍老林的肩膀，說：「你看，我們是好哥們，我也不至於貪你這點兒錢吧。上次我和你說的佣金，後來規則就改了。這都怪我，沒有及時跟你說……。」

老林一聽這話，就覺得不可信，怒道：「可是你當初答應了的，十幾個客戶，就這麼點兒錢，這也太狠了吧。」

「你介紹的那些客戶，也就幾個大單子，能拿一千元的佣金，其他的都是小單子，這四千多元，還是我努力為你爭取的呢。你就別嫌少了。」

老林看了看老韓，道：「老韓，做朋友這麼多年，沒想到你這麼不守信，早知道，我就和你簽合約。」

老林一開始拉客戶，可能僅僅為了幫朋友忙，但有了利益收入，那就不只是幫忙這麼簡單了，兩人其實已經轉換成合作的關係，其中的利益分配就轉變成為重點。如果利益分配搞不清楚，那麼合作就持續不下去，兩人的友情也會出現裂痕。

涉及利益問題，一定要把握好原則，免得事情發展到不可收場的地步。先小人後君子，事先訂立協議很重要。不僅合作的利益分配如此，平時借錢時也應該如此。

小李的一個朋友向他借錢，並保證三天後歸還。小李手頭也不寬裕，但為了朋友，他瞞著妻子向同事借錢借給朋友。

在錢易手時，小李想：「要不要請他寫張借條呢？」可是轉念一想：「這麼好的朋友，這不是以小人之心度君子之腹嗎？」於是打借條的事情也就沒有提。

三天後，那個借錢的朋友打電話來，說錢暫時還不了，再延個兩天。但兩天過去了，朋友又說再兩天。小李心裡有些急了，但也沒辦法，那就再拖兩天吧。

誰知道再過兩天，對方音訊全無。小李到朋友的公司和家裡，都找不到人，朋友的手機也一直關機。小李有些慌了，那個借錢給他的同事也不耐煩了，他當時許諾同事一個星期就還，而今卻拖了一個多月，還沒有還。

兩個月後，他得到了那個朋友的消息，但是那個朋友已經將錢扔進賭場，輸了個精光，而且還不承認自己借錢。小李想去法院提告，可惜空口無憑，沒有證據。結果錢沒要回來，人情也沒有了，真可謂人財兩空。

因此，利益問題最好擺到檯面上，先講清楚，以免日後有爭議，影響彼此之間的親密關係。不要說什麼「咱們誰跟誰啊」之類的話，常言道「親兄弟明算帳」，一開始時就把利益分配清楚，以後開展合作、一起做事也就不會有那麼多麻煩。

為人處世，要把關於利益得失的話說在前頭，再講情誼。這樣做可以避免不必要的糾紛，對於雙方的關係穩定維持也有直接的影響。特別是跟人合作之前，最好把利益分配先講清楚。先小人後君子有利無害，可以防範風險，保障自己的權益。

說話的智慧

朋友或親戚之間相互借錢，往往出於義氣或是礙於面子，而沒有簽下欠條。當對方還不起或者想賴帳時，自己卻空口無憑。即使到法院提告，也因為證據不足，而沒有結果。也有的人當時簽了借據，還款後卻沒有及時要回自己的借據或者索取收據，結果對方仍拿借據索取欠款，搞得有理說不清。

所有這一切都是因為礙於情面。你不要擔心對方會為此翻臉。如果對方是君子，這樣做並沒有額外增加他的責任；如果對方是小人，你也就規避了風險，對方也無法耍賴。

3 吃虧的同義詞：合作與雙贏

吃虧，意味著捨棄與犧牲，但是也意味著合作和雙贏。

阿珠和小莉是同事，平時的關係非常好。兩個人經常在一起討論工作上的事情，因此兩個人的工作成績都非常出色，經常被主管並列提名表揚。

兩個人在取得成績以後，還會相互鼓勵對方。阿珠的家裡有什麼活動都會邀請小莉參加，小莉生日時，阿珠會買很好的禮物送給她。平日裡，阿珠總是稱呼小莉為「小妹」，小莉也稱阿珠為「大姐」。她們兩個一直被部門其他的員工羨慕，很多人覺得她們倆的關係比親姐妹還要親。

部門主管接到通知將要升遷。主管告訴部門裡的人，說將依照上級的指示在部門中選擇一個人來接替他。大家議論紛紛，猜想會落在誰的頭上。

不久，候選人的條件公布出來，大家一致認為阿珠和小莉都符合條件，因為她們倆平時的工作成績都很突出，表現也很優秀。阿珠和小莉顯然也都明白這個道理。漸漸的，大家發現，阿珠和小莉不再一起出去吃飯了，也很久不見她們倆一起離開辦公室。

小莉和阿珠被叫到主管辦公室談話。主管先跟小莉說：「小莉啊，妳的工作成績一直很優秀，這一點是大家有目共睹的。阿珠的成績和妳不相上下，妳們兩個有沒有對現在的問題交換過意見呢？」

小莉不說話，阿珠也不說話。主管看見兩個人都是這個樣子，無奈的搖搖頭，說：「好吧，咱們暫時先說到這裡。」兩個人不說話的走出辦公室。

同事看見兩個人這樣，就勸小莉說：「妳還年輕，就讓讓阿珠吧，她過不了幾年就退休了。再說，妳們兩個平時那麼合得來，她對妳也挺好的。」

小莉聽到這話，先是冷笑了幾聲，然後說：「她哪裡對我好了？根本就不像你們看到的那個樣子，她這個人最愛占小便宜，跟她相處，我吃了多少虧。這次，我可不能讓她，我吃虧也不能這樣吃。」

小莉說這些話時，阿珠正好進門，聽到了這番對話。她氣呼呼的來到小莉面前，說：「妳還好意思說是妳吃虧了。我看妳是欺負大家都不知道，跟妳這樣的人相處，那才叫作真正的吃虧。每次請妳到我家裡吃飯，妳都買些也不知道從哪裡撿到的爛水果，根本就沒法吃，妳還好意思說是妳吃虧。」

兩個人就這樣妳一言我一語的吵起來，部門的同事見她們這樣都紛紛過來勸解，但是兩個人越吵越凶，最後竟然打了起來。

事後兩個人誰也沒有再理睬過誰。不久，主管的轉調令下來了，他也向大家宣布了下一任主管的名單。阿珠和小莉誰都沒有得到這個好機會。

兩個人都覺得如果把這個機會讓給對方的話，無疑是對方占了大便宜，而自己則吃了大虧。有些時候過於計較，得失心太重，反而會捨本逐末。

得失心太重，失去平常心，很容易破壞人際關係。與人相處，有一分退讓，就可能吃一分虧，就積一分福。是吃虧，還是積福，在於每個人的領悟，別人認為的吃虧、糊塗，只要自己覺得那樣做可以滿足，也沒有什麼不能去做的。

管仲和鮑叔牙都是春秋時期的政治家，兩人也是好朋友。管仲比較窮，鮑叔牙比較富有。管仲和鮑叔牙早年合夥做生意，管仲出很少的本錢，分紅時卻要分很多錢。

有人看不慣，就和鮑叔牙說：「管仲怎麼能做這樣無恥的事？他出那樣少的本錢，卻拿那麼多的分紅，這種人還是不要和他做生意。」

可是鮑叔牙一點也不計較，他跟那個人解釋說：「因為管仲的家裡有很多人都要他來養，他的負擔很重，所以得拿多一點錢才行。」鮑叔牙在給管仲分紅的時候還問他：「這些錢夠不夠？」

管仲幫鮑叔牙出主意辦事，結果不但沒有把事情辦好，還讓鮑叔牙損失慘重，但是管仲一點愧疚也沒有。人們對管仲這樣的態度很反感，但是鮑叔牙說：「事情辦不成，不是因為管仲的主意不好，而是因為時機不好。」

後來，齊桓公要委任鮑叔牙為相時，鮑叔牙卻推薦管仲：「你要想管理好齊國有高傒和我就夠了；你如想稱霸，則非有管仲不可！」於是，在鮑叔牙的舉薦之下，管仲有了施展才能的機會，而他卻甘願在管仲的手下做事。齊國由此強盛，最終稱霸諸侯。

在鮑叔牙去世時，管仲趴在鮑叔牙身上失聲痛哭道：「生我者父母，知我者鮑叔牙！」

毫無疑問，鮑叔牙是一個很有眼光的人，但這還不是他最傑出的地方，他最傑出的地方是胸懷和氣量，不怕吃虧。我們做人應該學學鮑叔牙，不要把利益看得太重，凡事多為他人著想，即便沒有他那樣的寬廣心胸，也要盡量讓自己的眼光放長遠一點，不能怕吃眼前虧。

你可能現在吃虧，但是很快就會得到回報；也許有人經常占你的便宜，但是他最終會吃大虧。什麼事情都是相對的，所以人不要在一點小事情上斤斤計較，良心安穩比什麼都重要。

★說話的智慧

「吃虧是福。」看起來是一句簡單的俗語，但其中所蘊含的智慧卻一點也不簡單。社會在發展，在經濟大潮的衝擊下，很多人覺得只有傻瓜才會講吃虧就是福。真是這樣嗎？吃虧，意味著捨棄與犧牲，但是也意味著合作和雙贏。

4 幫助別人的事，最好做完就忘

當我們幫助別人，或給別人好處時，要特別注意別人的感受，千萬不要總是提起這些事情，最好將這些事情忘掉。

老王是少有的熱心人，他特別喜歡幫助別人。同事、朋友之間，只要是能夠幫上忙的，老王總會樂意的幫上一把，就如他說的，反正閒也是閒著，不如幫人一把。因此他從來都不吝惜付出自己的時間，也不在乎經濟上的一些損失。

儘管大家都知道老王是個樂於助人的好人，但不知為何，大家都對老王敬而遠之。

以前老王有個十分要好的朋友，大家都稱他為「老張」。在老張還沒有對象時，老王特別殷勤的幫他介紹了一個。人們看老王為自己朋友的事情忙裡忙外，比老張本人還積極，都覺得老王不錯。

但是後來，細心的人們漸漸發現，老張經常躲著老王，兩個人的關係看起來並不好。於是有人就私下問老張：「這到底是怎麼回事？你們不是好哥們嗎？」

老張很尷尬，便說了一件事情：結婚那天，老王當著新娘子的面，一遍又一遍的講他如何幫老張張羅結婚的事情。

老張說：「當時老王說的話，讓我感覺沒臉見人，原來我這麼沒用，娶個老婆沒有出一點力。這事一直到現在都讓我的心裡沉甸甸的。唉，這大概就是不能承受的恩情吧……。」

停了半晌，老張又不甘的加了一句：「你們不知道啊，他那意思似乎就是說，沒有他，我就要打一輩子光棍。」就這樣，老王的行為讓老張一直如鯁在喉。一來二去，老張便與老王疏遠了。

像老王這樣的人，在生活中並不少見。他們總是喜歡將施恩於人的事情掛在嘴邊，似乎特別擔心別人會忘記他們的恩情。但是這樣做不僅無法得到別人的感恩、佩服和親近，還會使彼此的關係疏遠，甚至引來別人怨憎。為何會如此？

這是因為每個人心中都希望自己是受人肯定和認可的獨立強者，而不是可憐的、需要幫助的弱者。有個人幫助了我們，我們會感激他，會想辦法報答他，但如果他總是提醒我們「沒有我的幫助，你就沒有今天」，總是強調我們被幫助的歷史，相信沒有幾個人心裡會覺得舒服。

可是，那些給予你恩情和幫助的人當中偏偏有些不通人情世故、不懂受助人心理的人，想要在受助人面前抬高自己的架子，想要讓受助人承認他們是永遠的弱者。於是，受助人會如同受到了某種侮辱，因此心生不滿、厭煩，甚至憤怒。

將心比心，我們便知道總把對他人的恩情掛在嘴邊是幼稚的。因此，當我們幫助別人，或給別人好處的時候，要特別注意別人的感受，千萬不要總是提起這些事情，最好將這些事情忘掉。

有個人送給朋友一件名牌牛仔褲，從此每逢見到對方穿著時，一定會指出那件是他送的。不見對方穿時，他又會問：「我送給你的那件牛仔褲呢，還合穿嗎？」

有一次，朋友穿了那件牛仔褲，又被提起。這位朋友實在忍受不了，便悶聲不響的當場把牛仔褲脫下，遞給他：「寧可出這種醜，好過為你做免費宣傳。」

如果你是故事中的朋友，你是不是也會感到不舒服呢？而這樣一個哪怕只是順手幫了朋友一個小忙也一天到晚掛在嘴邊，總是提醒受恩惠者要記得的人，給我們的印象是怎麼樣的呢？相信沒有幾個人會喜歡他們。

相反的，那些能夠將自己施恩的事情忘掉、不計較個人得失的人，因其胸襟與瀟灑，往往會受到他人的尊敬。

有位不算富有的女孩，很喜歡名牌服飾，然而買回來不久便又生厭，於是就送給周圍朋友。

有個朋友收過她一件名牌襯衫之後，過了若干年，跟她吃飯時剛好就穿著那件衣服，便對她說：「這件襯衫是妳送給我的，穿了這麼多年也沒走樣。」她大吃一驚，說：「這麼好的衣服呀，我怎麼會送給妳了呢。」

這個女孩是懂人心的，她也很受朋友們的歡迎，朋友們對她的評價，不是慷慨與幽默，就是大氣與灑脫。她聽到大家的讚揚後十分快樂，人緣也是極好的。

說話的智慧

如果你為朋友做了事，給了朋友好處，就自以為了不起，那麼，必然會招致對方的厭惡。沒有朋友會因為你不說，就忘記你的情，多說反倒無益。如果你總是以給人好處而自居的話，人家可能會盡快的還你的情，之後會對你敬而遠之，即使你再有能耐，以後他也不願意再與你接觸了。

事實上，幫忙、給人好處也要注意方式。首先，幫忙時，要高高興興，不可以心不甘情不願，這是最起碼的一點要求。其次，千萬不要給對方增加心理負擔，而是要讓人覺得你的幫助是自然而然、順理成章的，這樣對方才會樂意接受並體會到你的關心。

5 求見，還是求教？結果大不同

放低姿態，更能贏得他人的認同與好感，不僅拉近了雙方的距離，而且使雙方更容易溝通，更容易讓對方從心理上接受自己。

春秋時期，孔子和老子各成一家，但是，孔子的儒家學說就是碰釘子。孔子聽說老子的道家學說很有威望，想了解一下。於是就借遊說的機會去找老子。他帶了幾個學生，到了道德宮，見門關著，便上前詢問道：「裡邊有人嗎？」

門打開，一個小孩出來，看著孔子一行人問：「你們是幹什麼的？」

孔子連忙走上前去，自我介紹道：「我叫孔丘，此次前來是為了求見老子的。」

小孩聽了，點頭說：「你先等著，我進去通報一聲。」說完，轉身進去。不一會兒，那孩子出來說：「老師不在家，明天再來吧。」說完就把門關上。

孔子師徒被弄得面紅耳赤，只好返回。

第二天，孔子又領著學生來到道德宮。大門敞著，孔子很高興。可是，進門一看，二門緊閉。

孔子敲門，又出來一個小孩，他問：「你們是幹什麼的？」

「哦，我們是來求見老子的。」

「是求見，還是求教？」

「求見。」

「求見？不得閒。」說罷，小孩就要關門。孔子一見，急了，改口說：「別關，別關！求教的！我們是來求教的！」

小孩瞇眼往孔子背後一瞧，說：「求教？哪有求教帶這麼多人的，分明是來挑釁的！老師正在睡覺，沒工夫搭理你們，有事明天再說。」

於是，孔子再次鎩羽而歸。

到了第三天，孔子對學生們說：「今天我一個人去求教老子，前兩次怪我學禮不知禮，連求見和求教都分不清。」

孔子一人來到道德宮，只見宮門大開，遂上前施禮，說：「孔丘特來求教。」話音剛落，出來兩個小孩，正是前兩天見到的那兩個。只見兩人以禮相迎，帶領孔子進去了。

孔子見了老子，連忙躬身說道：「孔丘特來求教。」

老子起身還禮：「久聞孔先生的大名，請坐。」於是，兩人攀談起來。

老子問他：「孔先生如今研究什麼學問？」

孔子回答：「正讀《周易》。古人也讀這書。」

老子說：「嗯，古人讀《周易》，有用。可你現在讀它有什麼用？」

「我在追求仁義。」

「那麼，你追求仁義這麼多年，可得到些什麼道理？」

孔子說：「我研究了二十七年，沒得到一個真正能行得通的道理。」

老子聽了笑道：「既然這樣，那麼，我就跟你講講我的心得吧。光講仁義是不行的，還必須講『道』，有了道才能有『德』，用『道德』近『仁』，仁則近之。你如果願意追求道德的話，我就把我研究的道德跟你講一下。」

孔子當即虛心求教。於是老子便一五一十的開始講了起來。兩人從天明一直聊到天黑。從此，孔子每天都去聽老子講道。道德宮門前的那條小巷則被後人稱為「問禮巷」。

人們往往喜歡高姿態的表現自我，殊不知，低姿態才是良好的心態。心態放低了，有一些看似艱難的事情，做起來就會順理成章，其實為人處世也是一樣的。當一個人能夠放低自己的姿態，就能很容易得到他人的贊同。

孔子所處的時代，儒家和道家是學術上的競爭者。如果孔子不放低姿態，老子是不會跟他講述自己的心得體會的。所以，老子問他：「你追求仁義這麼多年，可得到什麼道理？」孔子說沒有得到真正的道理。老子因此知道他是真的來求教的。

如果當時孔子說：「我有一些心得體會，想要和你探討。」老子必然不會與他聊下去。求教就是求教，要有求教的態度，要是擺出一副欲爭辯和說服對方的樣子，那就必然讓人心生戒備與厭惡。

這種情況下，想要得到別人的認可，是很困難的。在現實生活中，許多人不了解這一點，因此總是一副大師模樣，就像老師對待學生或家長對待孩子，要求對方接受自己。

將心比心的說，誰會喜歡別人擺出高高在上的姿態？如果一個人高高在上的對你的行為指指點點，你的感受肯定不會太好。哪怕對方是真心好意，要是擺出施捨的樣子，也會讓人覺得難以接受。

放低姿態，更能贏得他人的認同與好感，不僅拉近了雙方的距離，而且使雙方更容易溝通，更容易讓對方從心理上接受自己。

說話的智慧

對於很多人來說，放下身段、放低姿態實在是人生中難以達到的境界。也正是這個緣故，身分、地位越高的人，若能放下身段、放低姿態，與別人交流，就很容易使人欽佩。無論你是得意還是失意、成功還是失敗、幸福還是不幸，永遠不要忘了表達自己的謙虛，放低自己的姿態。

6 不要幫了別人，就成了高高在上的貴人

做人要學會尊重他人。不要以一種高高在上的態度幫助別人，這樣只會讓人感到不舒服。

古時有個農夫與村裡的富翁是道義之交。有一年，農夫田地的收成不好，到了年尾，不得不借錢過年。

農夫去找富翁，希望他可以幫助自己。除夕那天，富翁興致很高，非常爽快的掏出錢，借給農夫，還大方的說：「拿去用吧，不用還了！」農夫小心翼翼的接過錢，謝過了富翁之後，匆匆往家裡趕。富翁對著農夫的背影又喊了一遍：「不用還了！」

大年初一的早上，富翁很早就起來，當他打開院門時，發現自家門前的積雪已被人掃過，院子裡乾乾淨淨。一打聽，才知道是農夫一大早做的。富

翁驀然明白了：給別人一份施捨，就把別人當成了乞丐。想到這裡，他立刻去找農夫寫了一份借契。

當對方有困難時，主動的伸出援助之手，會使對方倍感溫暖。而有時候適當的請求對方幫助，還會加深朋友之間的友情。但是，千萬不要以一種高高在上的態度幫助別人，這樣只會讓人感到不舒服。做人要學會尊重他人。

有位作家打算長期資助一名貧困山區裡的學生。於是，他選定了一位品學兼優的孩子。作家每隔一個月都會寄一筆善款去，但從來不問善款的去向。那個孩子給作家寫了一封感謝信，但作家沒有回信。再後來，孩子竟寫信給作家，要他增加匯款金額。其實，之前寄去的善款已經足夠。

面對這突如其來的信，作家一打聽才知道：這個孩子後來因學習失意，拿錢去網咖上網，肆意揮霍，酗酒打架，甚至曾被送進了少管所。這個孩子的所作所為，令作家心寒不已，以至於作家一度偏激的認為孩子的品行不好，但他從沒有反省自己的助人行為所存在的問題。

作家的助人行為有錯嗎？表面上看沒什麼問題，有問題似乎也是那孩子本身品行的問題。但是事實上，作家的助人行為是存在問題的——是他把幫助變成了施捨，將一種需要感激的幫助變成了一種理所應當的施捨。

當你站在一個較高的位置上，對他人施以援手時，要注意說一些必要的話，否則容易傷及他人的自尊。作家在資助孩子的同時，若能夠重視孩子的感謝信，多跟孩子說一句：「希望你能夠好好學習，以後考一個好大學，有一番作為，那叔叔就心滿意足了。你可不要讓叔叔失望哦。」也許事情就會是另一番景象。

因此，幫助他人時，要表達尊重和鼓勵，這樣的幫助才會更有效。此外，除了對幫助對象要注意表達的方式，在幫助別人時，對於其他的參與者也要有起碼的尊重。

有個人與他人結怨，為了息事寧人，他多次央求村裡很有名望的老人出面調停，但是對方不願意和解。他聽說鄰村有個德高望重的老人最擅長調解糾紛，於是特地去請。

那老人是一個熱心人，接受了請求，便親自上門去勸說。費了許多力氣，最終使得結怨的雙方達成了和解。按照常理，老人家不負所托，完成任務後就可以離開。但是，老人家並沒有一走了之。

老人對已經和解的兩人說：「我聽說你們這件事情有許多當地有名望的人曾調解過，但是最終都沒有達成協議。這次我很幸運，你們都這麼相信我，讓我了結了這件事。但是，我畢竟是外地人，雖然促成了這件事情，但是傳出去未免使本地人失去顏面，這樣不好。所以，現在請你們兩位幫我一個忙。」

兩人聽了，連忙點頭說：「你請說。」

老人說：「你們在表面上要做到讓人以為我出面也解決不了問題，等我明天離開此地，本地幾位鄉老還會上門，到時你們接受他們的調解，這樣對大家都有好處。拜託了。」

兩人聽後，對老人家的細膩心思都很佩服，連忙點頭答應。

幫助別人，應該注意調和社會關係，助人之後不要誇功。就像故事裡那位老人一樣，助人化解矛盾而不居功，竭力維護好其他調和者的尊嚴，因此更加受到人們的尊敬。

當你打算幫助別人時，就要多考慮一些事情，比如幫助人的方式是否恰當，又比如其他參與者的顏面該怎麼維護。總而言之，應該把事情做得更加周全一些。不要一時興起，興之所至便隨意而為，那是不成熟的做法，弄不好的話，便會好心辦壞事。

說話的智慧

樂於助人是好事，不過，好事不見得會帶來好結果。若是不能採取恰當的方式，很可能會好心辦壞事，把簡單的事情辦成複雜的事，那樣的話，反而會讓人難堪，導致尷尬的局面。所以，做事應該周全一些，站在別人的立場上，多想一想：你幫助對方的方式合適嗎？對人夠尊重嗎？有沒有冒犯別人呢？

7 面笑、嘴甜，少麻煩

我們不必去阿諛奉承，但說些好聽話讓人高興，是一種有禮貌的表現。

沒有人不愛被讚美，只有不會讚美別人的人。若你的讚美不被人所接受，並不是那個人不喜歡讚美，而是你的讚美方式有問題。

在一次社交活動中，老王被女主人介紹給一位貴賓。雙方客套幾句後，女主人背過身去囑咐老王：「說些中聽的話。」聲音雖然很低，但是那位貴賓顯然聽到了。老王很尷尬，就對貴賓笑著說：「我知道你正是那種不能隨便奉承的人。」貴賓笑起來，緊張氣氛一下消除了。

老王這句話雖沒有什麼實質性的恭維內容，卻使對方獲得了被誇讚的感受。

有位圖書推銷員去拜訪一位女士。那位女士聽說訪客是推銷員時，臉色頓時變了，冷冷的說：「我知道你們這些推銷員很會奉承人，專挑好聽的說，不過，我不會聽你的話的。你還是不要浪費時間了。」

圖書推銷員微笑著說道：「是的，妳說得很對。推銷員是專挑那些好聽的話來講，說得別人昏頭昏腦的，而像妳這樣的顧客我卻很少遇到，顯然妳是一位很有主見、從不受人支配的女士。」

那位女士聽了圖書推銷員的話，臉色好看了很多。她問了一些問題，圖書推銷員也一一做了回答。最後，他對女士說：「我看得出來，妳是一位愛書的人。我想，也許正是書籍讓妳具備了敏銳的頭腦、不凡的談吐和冷靜的氣質。」

女士十分開心，她表示自己很希望買幾本書，多長點知識。

我們沒有必要去阿諛奉承，但說一些好聽話讓人高興，這是一種有禮貌的表現。「妳這身衣服真漂亮！」、「誰幫你選的領帶，太襯你的氣質了！」這樣的話誰聽到會不高興呢？不要吝嗇你的溢美之詞，當你看到別人臉上的笑容，難道不高興嗎？這就是說好話的一大好處，讓別人開心的同時，也讓自己高興。

當然，讚美要有分寸，如果太露骨了，就很容易惹人討厭。有時，只需要簡短的一句話，就可以。比如，「你做的企劃案很棒」、「相信你一定能做到」之類的話，會讓對方感覺到被關注，無形中拉近你們之間的距離。

還有，想要體現嘴巴甜，最簡單的方法就是用動人的稱呼。稱呼別人時，年輕的你可以叫「漂亮的小妹妹」、「可愛的小弟弟」，差不多年紀的稱呼「美女」、「帥哥」，年齡較大的，男士統一用「叔叔」。女士就叫「美女姐姐」，如果她的長相確實不太好看，就不能這麼稱呼了，不然人家以為你諷刺挖苦她。這時，你可以直接稱「姐姐」。年紀如果確實大到你不適合稱呼其為「姐姐」時，你可以用「大姐」，盡量不要用「阿姨」之類的稱呼。

說話的智慧

人總是喜歡聽別人的讚美。有時，即使明知對方講的可能不是實話，心裡還是免不了會沾沾自喜。對於讚美的話，基本上沒有人會拒絕。

第六章

「自以為是」的善意更傷人

1 再親密的人，也要哄、誇、讚

好女人是哄出來的、好男人是誇出來的、好孩子是讚美出來的。

小琴是瀋陽女孩，今年二十八歲，是獨生女，單親家庭長大，嫁到青島後，不忍媽媽一個人在瀋陽生活，便把媽媽接到了青島。

本來和上一輩的人同一個屋簷下居住就有諸多不便，再加上媽媽的脾氣挺大，所以小琴的丈夫沒少受罪，最難受的事情就是媽媽做飯很難吃。再怎麼愛屋及烏，對著一個從來沒有一起生活過的老人，整天吃著讓胃難受的飯菜，時間長了，丈夫也受不了，於是經常在家愁眉苦臉的。

小琴是個直性子的姑娘，沒什麼心眼。看到老公不開心，她就直言：「我媽住在這兒，你就不能給個好臉色。」老公也沒好氣的說：「妳能不能換位思考一下？」

小琴一想，也是，媽媽做的飯菜確實難吃。於是小琴就跟媽媽說：「妳做了一輩子飯了，廚藝怎麼都沒進步啊？妳看我們公司的煮飯阿姨，人家做的飯可好吃了。」

結果媽媽直接甩下一句：「妳還不是吃我做的飯長這麼大的？現在翅膀硬了，嫌我了是嗎？」

丈夫那邊說不通，媽媽這裡也談不攏。小琴為難了，該怎麼辦？她從書上學來一招：說話辦事不要直來直去，不如委婉點，用點兒小伎倆。

經過學習，小琴開竅了。再次見到丈夫不耐煩，她開始裝模作樣的道歉：「都是我給你添了麻煩。」說著梨花帶雨的哭了起來。

丈夫一看，心軟了，連忙說：「嗨，沒事，不是妳的錯。都是一家人，相互體諒嘛。」

而對於媽媽做飯難吃的事情，她也不直接批評，而是讚美道：「媽，妳最近炒的菜比原來好吃多了，妳放了什麼好東西在裡面啊？」

媽媽說：「我什麼都沒有放啊。」

小琴說：「哦，那一定是妳的火候掌握得好，還是妳有經驗，這火候掌握好了，炒的菜就是好吃，連粥都這麼好喝。」

聽女兒這麼誇獎，媽媽開心極了，結果媽媽對提高自己的廚藝充滿了信心。從此，他們的家庭關係開始走上了良性發展的軌道。

不要以為委婉的話是對親朋好友之外的人說的，其實，哪怕是至親之間，也要經常說一說委婉的話，這樣才能不傷感情。即使是你的媽媽，也不要用直愣愣的話來發表批評。

真實的未必就是好的，有的時候，實話、直話不僅傷人心，而且也起不了作用。很多家庭關係的惡化，就是因為一方或多方說話太直，不懂得講話的藝術。

有的女人不知收斂，不停的嘮叨男人的缺點，抱怨男人沒本事，讓男人忍無可忍，最終他們離了婚。有的父母不知尊重孩子，當眾數落孩子，不留情面，孩子越來越叛逆，甚至和父母反目成仇。類似的案例屢見不鮮。

人們常說「好女人是哄出來的」、「好男人是誇出來的」、「好孩子是讚美出來的」等。而這些「哄、誇、讚」的話，大部分都不是實話，而屬於軟話的範疇。所謂軟話，就是那些溢美之詞。

但是，在直接批評會壞事的情況下，說一些軟話，偏偏能夠達到充分的潤滑作用，使得人際關係變得和諧，問題得到圓滿解決。

這看起來似乎是不可思議的，可這是事實。為什麼會如此呢？根本原因在於人並非純理性的動物，都是有感情的，都愛聽好話。所以，用好話代替批評，有時效果會更好。那麼，面對親人、朋友，什麼時候該說軟話呢？

1 指出缺點時。

人都怕被揭短，所以，指出錯誤，即便是父母的錯誤，也不要太直接，應該含蓄點，最好透過故事或者他人的事例暗示他，讓他自發的覺悟。你直接告訴他，他會大發雷霆，而讓他自己覺悟，他會心存感激，覺得你是個孝順的孩子。

2 提出建議時。

你想讓老媽提升廚藝，想讓老爸改改脾氣，這些都離不開軟話。如果你不動腦子直接要求他們，會激起他們的逆反心理。你不讓我這樣，我偏要這樣，看你能把我怎樣？

3 有求於他們時。

想請家人幫你做點什麼事，哄著點好，說些軟話，你的親人會更加情願為你做事。這個世界上沒有誰應該對誰好，如果你把別人的付出都當作是理所當然，說話毫不客氣，那麼沒有人吃你這一套，因為沒有人欠你。

說話的智慧

對於一些非原則性的問題，沒有必要斤斤計較；而對於原則性的問題，需要批評，也可以採取更加委婉的方式。道路不是只有一條，方法也不會只有一個，說話的方式是可以選擇的。你想要達成好的溝通效果，帶來良好的社會關係，就有必要動動腦筋，好好想一想，怎麼表達會更好？

2 惡語傷人六月寒

有些話只能私底下講，有些話則根本就不能說。如果你讓對方下不了臺，很容易讓人對你產生強烈的反感。

批評時，應該採用一種合理有效的方式，既要擺事實，也要婉轉有度。如果你一味的抓住對方的錯誤進行挖苦，或者將對方的缺陷當成你茶餘飯後的談資，過分的傷害對方的自尊，這樣做反而會適得其反，受批評的人因此會產生抵觸情緒，他會以其人之道，還治其人之身。所以，批評別人時，最好能把握住分寸。

劉詩和袁蘭是同事，關係很不錯，要做什麼事，經常一起。比如開會、午餐等，她們倆都會一起去。同事都知道，袁蘭的性格有些大大咧咧，兩個人在一起時，常會開些不大不小的玩笑，因為了解袁蘭的性格，劉詩一直都覺得開開玩笑，無傷大雅。

有一天中午，兩個人說好一起出去吃飯，順便去了廁所。袁蘭一陣風似的搶了先。等劉詩進去後，發現馬桶座有些髒。從廁所出來時，袁蘭正跟另一個部門的女同事聊天，當時劉詩根本沒想那麼多，就笑著說：「袁蘭，妳怎麼搞的？馬桶座上面好像都沒弄乾淨啊！」

劉詩只顧著說，沒注意旁邊的另一個女同事正在嗤笑。只見袁蘭的臉色變得難看起來，對劉詩說：「妳是不是有病？」說完，她轉身就走了。後來，兩個人的關係急轉直下。

為此，劉詩曾多次向袁蘭道歉，雖然對方表示無所謂，但是她們再也沒有那種如同姐妹般融洽的關係了。

由此可見，說話一定要小心，尤其是批評的話語，不能隨便亂講。即便是十分要好的同事，也要注意表達的方式。有些話只能私底下講，有些話根本就不能說。如果你讓對方下不了臺，很容易讓人對你產生強烈的反感，甚至結下怨恨。

其實，這還是表達方式的問題，如果能夠注意表達方式，那麼批評不會成為溝通的障礙。只要把握分寸，採取合理的方式進行，達到溝通目的不是難事。

有一天晚上，林太太拿著一張電話帳單給林先生看：「瞧瞧，兒子在我們出國時，打了多少通長途電話，太浪費了！」她指著其中一項說：「單單這一天，這一通電話就打了一小時四十分鐘。」

「什麼？這還得了！」聽到妻子的話，林先生立刻準備上樓去罵兒子。可是剛站起來，他又坐下了，他想：自己現在正在氣頭上，如果這個時候去罵孩子的話，語言肯定會很激烈，還是不說的好，等氣消了再說。

想了再想，林先生終於把話忍到第二天中午吃飯時，裝作漫不經心的樣子對兒子說：「你馬上就要回學校了，幫我去查一查資料，找一家長途電話費最低的電信公司，我想咱們家應該安裝這樣一部電話。」

然後，林先生突然又來個急轉彎：「咳，其實你上博士班，估計也沒有時間打電話，我看我這是多操心了。」

聽到父親的話，兒子不好意思的說：「你是不是看到了電話費帳單？那陣子因為要回學校，一大堆事，需要聯絡，所以電話打得有些多。」

即使別人犯下了「不可饒恕」的錯誤，在批評對方時，也一定要採用適當的方式。在一般人的眼中，遭到批評肯定是一件很難過的事情，不僅難過還很沒面子，所以受批評的人往往會對批評者產生抵觸的情緒，使批評的效果大打折扣，即批評的負效應。因此，如果能夠恰當的把握批評的方法、尺度，使批評達到效果，這樣的批評才更加有意義。

說話的智慧

批評本身也是一門藝術，所謂「良言一句三冬暖，惡語傷人六月寒」。有很多人，在批評別人時，說了很多話，立足點和出發點本來是不錯的，但就是沒有把握好分寸，往往導致了無謂的誤解和爭端，還影響了批評的效果。因此，批評者都要記住這樣一個道理，把握好批評的分寸，不羞辱他人，婉轉的表達自己的意思，這樣的批評才能收到良好的效果。

3 批評的眉角不是內容，是語氣

批評不是洩憤，若你批評的目的，是為了讓對方改正錯誤，那麼你就應該想辦法，讓對方更願意去接受你，而不是更討厭你。

在你的批評、責備之語衝出口之前，一定要三思，因為批評和指責永遠無法幫助我們達到目的，批評的效果遠不如耐心的、心平氣和的點撥。

批評毫無作用——它使人心生防備，並為自己的錯誤而辯護；它常常傷害一個人寶貴的自尊，並激起他的反抗；它所帶來的羞憤，常常使你的夥伴、親人和同事的情緒大為低落。

一九〇八年，與羅斯福（Theodore Roosevelt）同為共和黨人的塔虎脫（William Howard Taft）當選為總統。羅斯福對於塔虎脫的保守作風，非常不滿。他開始公開批評塔虎脫，還準備再度出來競選總統，並打算另組「進步黨」。這幾乎導致共和黨的瓦解。結果，在接下來的選舉中，共和黨只贏得佛蒙特州和猶他州的選票，這是共和黨有史以來最大的慘敗。

面對羅斯福的指責，塔虎脫是否承認自己的錯誤呢？當然沒有，他辯解道：「我不知道所做的一切有什麼不對。」

外國人說話直率，不講客套話，批評很直接，往往讓人無法接受，而鬧出大亂子。其實，如果我們採取恰當的批評方式，不僅能夠化解衝突和矛盾，還能讓人心甘情願接受批評。

我們可以設想一下這樣的情景：你坐在計程車上，開車的是一位年輕人，他一隻手伸出車外，一隻手握著方向盤，把車開得飛快，這時你是否應勸一勸他？

如果不勸，你恐怕要一直提心吊膽到下車。年輕人開車技術雖熟練，可是誰能保證這種開車方法不會出意外？如果勸，一面之交，你怎麼開口？

有位老婦人是這樣說的：「小夥子，我對這個地方不熟，這個地方是不是經常下雨呀？」

「是啊，常下雨，眼下又是夏天，『六月天，孩兒臉。說變就變』哪！」「要不你把手拿進來怎麼樣？如果下雨，我會告訴你的。你單手開車太危險啦。」結果這位年輕人笑了起來，頑皮的說：「老奶奶，妳不用擔心，我會注意的。」說著，他就把手拿了進來。

年輕人把手伸到車外，絕不是為了知道是否下雨，而是一種壞習慣。這一點老人心裡自然是明白的。但是，如果直接指出這是一種壞習慣，這個年輕人在情緒上就可能產生對立傾向。

這位老人看來是深明此理，她知其非但不言其非，而是故意往好的方面誤解。這種誤解一方面能給對方留面子，消除情緒上的對立；另一方面，又能以誤會製造出笑料，使之產生出幽默的效果。這種幽默可稱「誤而勸之」。

有位作家到美國訪問，一位美國朋友帶著兒子來看他。就在作家與朋友愉快談話時，朋友的兒子爬上了作家的床，並在上面蹦跳起來。

作家很想直截了當的請他下來，不過，他轉念一想：如果那麼直接的指出來，必定會使孩子的父親產生歉意，同時也顯得自己不夠熱情。於是，作家就說了這樣一句話：「請你的兒子回到地球上來吧！」

那位朋友聽後，連忙說：「好，我和他商量商量。」

以上這些說話方式，都是委婉、含蓄的，屬於提醒式的，但它們的效果遠勝過直接批評。批評不是洩憤，若你批評的目的，是為了讓對方改正錯誤，那麼就應該想辦法，讓對方更願意接受你，而不是更討厭你。以下方法可供參考：

▼對他人懷抱同情心，這樣就不會對他人吹毛求疵，反而會容易對其犯錯的原因加以諒解。而且，要時刻保持和對方站在同一立場的心態。

▼說話要溫和委婉，杜絕用刺激性的或使人聽了不舒服的字眼。如果語氣令人無法接受，即使對方表面上接受了，心裡也會不服氣。

▼糾正錯誤時話說得越少越好，最好是一兩句話就能使對方明白，然後將話題轉到其他方面，不能喋喋不休，讓對方產生窘迫甚至反感之情。

▼面對別人的錯誤，應加以指正，但對於別人的正確之處則應肯定或讚揚。這樣才能使對方心理平衡，心悅誠服，從而積極改正自己的錯誤。

▼在說服他人之前，最好的辦法是讓對方不知不覺的認可你的想法，讓他覺得是他自己改正了，而不是在你批評之後改正了，這一點也非常重要。

▼對於別人出現的不可挽回的過失，應該站在朋友的立場上懇切的指出來，使他真心的意識到自己的錯誤並改正，而不應該一味的指責。

▼語氣非常重要，指出別人的錯誤時最好用請教式的溫和語氣，沒有任何人願意接受他人命令式的口吻。

▼批評不一定要直言不諱。批評別人的時候，最好能隱祕的指出他人的錯誤，維護對方的自尊心，使他自覺的改正過失。

說話的智慧

批評別人時，也要客氣一點，這樣對方會更願意聽你的話。相反的，若是你的話不太客氣，則容易讓人產生逆反心理。批評的話本來就會讓人心裡不好受，而這個時候，若你說話的方式不太客氣，那就更容易讓人討厭了。所以，在批評別人時，一定要注意自己的表達方式。

4 世上沒有不透風的牆，少在背後議論人

不要在背後批評他人，並拒絕傳播同事間的閒言碎語，有問題就擺在桌面上，以便大家共同解決。

某校一位副校長平時就喜歡在背後對別人評頭論足。有一次，他在教務處裡和幾位主任聊天，恰好該校一位女老師進來辦事。這位女老師平時打扮較為新潮，人也長得不錯。但是，副校長對於她的穿著向來就很有意見，認為有傷風化。

等女老師一出門，副校長就對幾位主任說：「你看看，她穿的那個樣子，什麼都露出來了，這種老師教什麼書啊，這不是帶壞學生嗎？」

沒料到那位女老師忘了拿東西，折了回來。這下聽個正著，女教師勃然大怒，對著副校長大罵起來。幾位主任勸解了半天，女老師才摔門而出。

別在背後說批評的話，以免引起衝突，破壞自己的人際關係。在職場中難免會碰到愛搬弄是非之人，若不能堅守自己的立場，就難以保護自己的聲譽。

面對喜歡背後批評他人的人，一定要保持自己的正直與坦蕩。不要以為那些說是非的人是信任你，他們很可能是希望從中得到更多的談資，從你的反應中再編造故事。

如果聽到關於自己的是非，不要失去理智，亂發表意見，而應該控制自己的情緒，保持頭腦冷靜、清醒。你可以這樣回：「是嗎？人家有表示不滿、發表意見的權利嘛。」或者說：「謝謝你告訴我這個消息，請放心，我不會在意的。」

如此，對方會感到無縫可鑽，他也不會再來糾纏不休了。世上沒有不透風的牆，千萬不要背後批評他人，而應該保持正直、坦蕩，拒絕傳播同事間的閒言碎語，有問題就擺在桌面上，以便大家共同解決。

道理雖然大家都懂，可是，有些人總是不自覺，免不了說一些不該說的話，尤其是背後說人壞話，更是常見之事。

在職場上，有些人總愛三五成群的說別人的長或短，他們說時總是想保密、不走漏風聲，但是世上沒有不透風的牆，總有一天他們所說的會被揭露出來。

老王與老楊是同事。有一次，老王對老楊說：「老楊，我總覺得姓鐘的那小子為人有點太認真了，簡直到了頑固的地步，你說是不是？」

沒料到，老楊一聽老王的話頓生反感，說：「老王，我先問你，我在背後和你議論我的好朋友，他要是知道了，會不會和我反目？」

老王一聽，不禁臉紅不敢吭聲。原來老楊與「姓鐘的那小子」是朋友，關係很好。老王根本不了解這一層關係，背後批評人，結果撞在槍口上。

常言道，人人背後有人說，背後人人在說人。「說人」乃人之本性，但是為何要背後說人呢？有人認為，當面批評人，會使人憤怒，使人對自己產生敵意，而背後批評，則會更安全，因為那樣自己就是一個幕後者。

然而，他們不知道，如果背後所說的話透露出去，讓被說者知道，那麼被說者反而成為幕後者，而背後說人者則會成為明靶子。

對於背後說人者，人們向來敬而遠之，因為這些人有一個非常不好的習慣——造謠。今天說某人和女友分手，明天又說某人不孕。這些謠言，有的是為了過過嘴癮，有的則是圈套。

有些人看不得別人比自己好，看到別人發財了就眼紅，看到別人升官了就嫉妒。別人做生意成功了，他們便說：「賺黑心錢。」別人升遷了，他們就說：「靠關係的。」總之，在他們的嘴裡，醜聞都是別人的。

背後說人者，自以為透過這樣的方式可以使自己與周圍群眾的關係融洽，事實上正好相反，當他們的議論流傳出去，就會很快發酵變味，讓人覺得難受。

★說話的智慧

如果你有什麼批評的話，最好當面說出來，不要在背後批評。背後批評雖然看上去似乎委婉、含蓄，但是很容易讓被批評者感到不是滋味，還有更重要的一點就是，背後批評的話，很可能會在傳播的過程中出現失真的情況。

這樣一來，經過傳播者的添油加醋，有些話明明你沒有說過，卻會進入被批評者的耳朵裡，如此便很容易造成一些誤會。

5 最糟的批評：「怎麼又是你！」

只針對事情進行客觀的分析，避免評價別人的人格、興趣與家庭教養。

寧小姐口中哼著歌，邁著輕快的步伐走到自家門口時，正好遇上自己的好友梁小姐。「哈，瞧妳氣色不錯啊！」梁小姐看了寧小姐一眼，驚訝的說，「有什麼好事，說說？」

「哎呀，也沒什麼，咱們進屋裡說。」寧小姐打開房門，語氣裡透著一絲得意，「其實也沒什麼，今天開會時，得到了上級的表揚，看來我的一番努力，沒有白費。」

梁小姐笑道：「那就要恭喜妳了，看起來不錯嘛，這才多久時間呢，妳現在就成了部門裡的大紅人了！」

寧小姐搖搖頭，道：「那倒也不至於。妳不知道呢，上一次開會時，我挨了罵，一大幫同事都落井下石呢。現在倒好，個個都說我有能力、有見識。前倨後恭，哼，這些無恥的小人！」

梁小姐卻笑說：「妳這就不對了。雖然我明白妳有很高的道德底線，但不要苛求別人也這樣，大家都是混碗飯吃，都不容易。就事論事，他們這樣表現，也沒什麼好奇怪的，還不至於無恥吧，這可涉及人格的問題了。」

聽了這番話，寧小姐想了想，點頭說：「確實是這樣的，大家都不容易，無可厚非。唉，看起來這次我不太客觀，還和同事生了一個星期的悶氣，太不應該了。幸好我沒有說什麼難聽的話，要不然這以後還怎麼和其他人相處啊？」說完，寧小姐還特別感謝了梁小姐的提醒。

我們不應對人性進行扭曲和傷害，也沒有必要對別人做道德說教、評判，更不能對別人的素質妄下結論。這是基本的處世之道。對事不對人，就事論事，這才是做人該有的態度和做事該有的方式。

遇到有人犯錯時，有的人習慣說「怎麼又是你」、「毛病又犯了」之類的話。這些話聽起來是簡單的批評或埋怨，但是事實上很容易讓人心裡不舒服。為什麼？所謂說者無意，聽者有心，是非問題講不清。也許你覺得自己所說的話沒有什麼問題，但別人卻會將你的無心之言當成有意針對。所以，最好盡量少發表對他人本身的評價。

針對事情本身發表看法，而不是針對某人本身發表評價。我們要看到事情帶來的問題，更要關注人們的內心感受，對事不對人，就事論事。比如，我們可以對別人說「你遲到了半個小時」，而不說「你沒有時間觀念」；我們可以說「這件事你做得不對」，而不說「你這個什麼都做不好的傢伙」。

我們可以說「那些人昨天批評我在某件事上做得不好，今天卻讚美我在另一件事上做得無可挑剔」，而不要說「那些人是勢利小人」。

這就是就事論事，只針對事情進行客觀的分析，而避免評價別人的人格、興趣與家庭教養，其核心就是基於事實溝通。這樣做的好處很明顯，首先可以讓人更加理性、客觀的看待問題，其次可以避免人與人之間的衝突和矛盾。

一方面，我們在對別人提意見或建議時，要就事論事，對事不對人；另一方面，別人對我們進行評價時，若不能做到客觀和理性，我們要寬容以待。

每個人都渴望得到信任和理解，因此對他人的一言一行都很敏感。特別是一些針對自己的批評之語，沒有幾個人願意聽到。相對而言，人們更願意聽到一些針對某件事情的評價。

「怎麼又是你」、「毛病又犯了」之類的話，有明顯針對別人本身的批評傾向，很容易打擊到對方的自尊和自信。比如你上班遲到了，如果有人說：「怎麼又是你？老毛病又犯了？」你會有什麼感受。這樣的話會轉移你對「遲到」這件事的關注，原本因為遲到而感到內疚的心情，會轉變為對批評的反感。如果改說：「怎麼遲到了？多注意一點啊。」你心裡是不是會覺得好受一點呢？

說話的智慧

無論從人情世故的角度，還是從解決問題的角度來看，「就事論事」的說話方式實際上都很有參考價值。但是，現在很多人喜歡說：「別誤會，我這是就事論事，對事不對人。」其實這句話會讓人感到厭煩。

明智的人不會這麼說，只有那些自以為是的人才會這樣表達。因為每當說出此話時，人們心裡都會琢磨：「嘿，這是指誰呢？」

6 用提醒代替批評，對方會自己找到錯誤

批評不是目的，能夠讓人改正所犯的錯誤才是目的。

假如你在工作中出現了一個失誤，你的主管把你叫過去，劈頭蓋臉的訓斥，甚至大罵你是白痴，然後要求你趕緊改正。這個時候，你的心情是怎麼樣的呢？你關注的重點在哪裡？可以想像你的心情有多麼糟糕，而此時你思考的重點絕不是失誤，也不是如何去改正錯誤，而多半是心生不忿。

必須承認，人的逆反心理絕不只是存在於青春期和老年期，也不只是存在於女人和孩子的身上，任何年紀的人都會有逆反心理，特別是面對直接的批評時，我們內心的自我保護意識增強，逆反心理就會產生——於是我們無法靜下心來，仔細思考自己的錯誤，反而會去怨怪批評者不夠大度和禮貌。

對於這樣一種心理特點，想要批評他人的人應該去思考，從中獲得啟示，去

優化自己的批評方法。面對任何人的錯誤，情緒的發洩是不能從根本上解決問題的。這不僅是問題焦點發生轉移，對錯誤的認知轉到了對人的情緒上，也使犯錯的人感到放鬆：他會認為訓斥、打罵已經是犯錯的代價，雙方恩怨兩清。

當然，慣常的大罵做法，表明我們其實並不在乎對方是否真心悔過。這樣的考慮當然沒有問題，畢竟這是一個講究速度的時代，誰有這個時間、精力和心思去關注一個人是否真心悔過呢？只要他在表面上服從就夠了。再說，即便對方是真心悔過，要是在表面上做得不夠，也還是不行的。

所以，許多人習慣於採取直接批評的方法糾正別人的錯誤。不過，現在有一種更好的委婉批評方法，不僅可以讓人真心悔過，還可以避免直接批評帶來的負面效果，不知道你有沒有興趣學習和使用呢？

這種有效的方法就是問題引導。透過一些委婉的提問，讓人自行發現錯誤，可以免去你直接批評帶來的負面效應，效果也很不錯。

比如，當你直接批評一個程式設計師說：「你的程式碼有 bug（漏洞）。」通常他會有兩種反應：第一，他會質疑你的電腦在執行環境方面有問題；第二，他會認為是你不會用。總之，面對直接的批評，人內在的逆反心理會自然而然的發出反擊：他會認為是你的問題，而不是他的。

要是你能夠換種方法，委婉的對他提一個問題：「你這個程式執行後和預期的有點不一致，你看看是不是我的使用方法有問題？」這時，他會本能的想：「是不是有 bug 呢？」然後他就會自然而然的去檢查。這樣的結果，豈不是比直接批評要好得多？

當然，如果你就是要批評，或者想要透過批評達到其他的某些目的，諸如表現你的權威、發洩你的不滿、打擊對方的信心等，那就另當別論了。

批評不是目的，能夠讓人改正所犯的錯誤才是目的。當你看到部屬上班有些悠閒，心裡很不高興，當即就喝斥：「慢吞吞的！你是不是不想幹活了？」你猜部屬心裡會怎麼想？他心裡肯定會想：「還用你說，我當然知道要幹活！」

假如你能夠換一種方式表達：「今天下雨了，工作放鬆一些沒問題吧？」這樣的問句表達的是你的擔憂，而不是針鋒相對的批評，可以有效避免激起對方的逆反心理，同時，又具有極佳的委婉提醒的效果。當對方聽到這樣的問話，會很自然的想：「哎呀，不能再這麼坐下去了，要不然工作就完不成了。」

透過提問的方式，委婉表達批評，能夠引導他人去思考和反省。因此，動腦筋想一想，怎樣批評比較好吧。你需要培養自己的智慧，而不是懶惰和脾氣，不要隨意直接批評，那樣做導致別人不高興還是小事，最糟糕的是，很可能帶來過激反應，造成更壞的後果。

問一個問題，委婉的提醒對方，引導對方的思維，讓對方自己找到錯誤，這或許是最好的批評方式。只需要關切的問一句，就能讓對方按自己的意願去行動，還可以避免尷尬。何樂而不為呢？

說話的智慧

直接批評，可能會讓人感覺不好，因此，不要一開始就表示責難，而應心平氣和的問一個問題，給對方一些時間想想，也許對方就會放鬆一些，願意跟你說事情的經過和原因。

要是你一開始就怒氣沖沖，將對方嚇到了，那麼對方又怎麼能夠平靜的向你講述具體的情況呢？很顯然，採取委婉的提問方式來批評，更為人所接受。

7 客套的讚美，效果超乎想像

用表揚和誇獎的話來鋪墊，會使人更願意聽你講，即便是批評的話，他也更願意了解自己被批評的原因並改正自己的錯誤。

心理學家指出：因為好的行為而受到獎賞的人，學習速度更快，記憶的持續力也更久；因為壞的行為而受到處罰的人，速度和持續力都比較差。我們總是希望得到別人的讚揚，同樣我們也都害怕受人指責。因此，有的時候，批評不但於事無補，反而招致憤恨。與其如此，還不如透過正向引導的方式，讓人變得更加積極。

著名教育家陶行知先生善於與青年朋友相處，他從來不做高高在上的訓導者，而是把青年人當成朋友，發掘青年人身上的優點，從正面加以引導。

有一天，有一個學生因為不滿另外兩位同學談戀愛，便跑來向陶行知告狀，他說：「陶先生，你真的應該管一管，他們太不像話了，簡直是把戀愛當飯吃！」

「是嗎？」陶行知好像發現新大陸似的，「他們真的把戀愛當飯吃？」

「誰敢對你說假話。他們就是這樣的，你應該罵罵他們。」

「罵？不，我認為應該讚揚他們。」陶行知若有所思的說。

「陶先生，你不要說笑話，他們再這樣下去對團體的影響是很大的。」

「為什麼？」

「因為他們把戀愛當飯吃，如果不管，別的同學也會把戀愛當飯吃。」

「那很好，我完全贊同。」陶行知一本正經的說，並拍拍他的肩膀，「假如今後你談戀愛，我希望你也跟他們一樣。」「這絕不是笑話，把戀愛當飯吃，這是最正確的戀愛觀！」陶行知的態度很嚴肅，並開始把他的理由說出來。

他說：「人每天吃飯不過三頓，每頓按十分鐘算，加一倍，一共也不過一個小時。假如他們真能把戀愛當飯吃，每天只花一小時談戀愛就可以有力量，這豈不是很好嗎？我就怕你們不把戀愛當飯吃，而是把它當成工作和學習，當成生活的全部啊！」

這位青年聽了頓時笑了起來，說：「那我回去把你的話告訴他們。」

按常理，對那對戀人是應該給予指責的。但是，陶先生沒有這樣做，而是根據「把戀愛當飯吃」，挖掘其積極的內容，做出正面解釋——把戀愛當飯吃，那戀愛豈不是和吃飯一樣可以使工作、學習擁有動力？

這實際上是在提醒青年人不要把戀愛當成生活的全部，要把戀愛看作工作和學習的動力。陶先生的話既達到了教育的目的，又容易使人接受。

每個人都知道，批評會讓人心情低落，如果處理不好，很可能會讓人變得消極，這樣對於工作、學習和生活都是不利的。批評是為了使人改正錯誤，但是除此之外，我們還應該有更高層次的目標和追求，那就是讓人更加積極。

一個小村莊裡有兩個獵人。一日，他們各自捕獵了兩隻兔子回家。第一個獵人的妻子看見後冷冷的說：「只打到兩隻嗎？」獵人聽了，心裡埋怨道：「妳以為很容易打到嗎？」第二天，他故意兩手空空回家，就是想要讓妻子知道打獵其實是很不容易的。

第二個獵人的妻子見他帶回來兩隻兔子，驚喜的說：「你竟然打了兩隻？」這位獵人聽了，十分得意的說：「兩隻算什麼！」隔天，他帶回四隻兔子。

兩個獵人都只聽了妻子的一句話，做法卻截然相反。讚美之所以對人的行為能產生深刻影響，是因為它滿足了人的自尊心的需要。很多時候，我們只需要換一種表達方式，就可以讓人變得更加積極。

使用消極的語言去批評和打擊他人，還不如採取一種讚美的方式，讓人對未來產生信心，這樣收到的效果無疑會更好。

其實，每個人都有相同的心理，那就是渴望被人尊重和認可。而表揚和誇獎則是最大的認可。

以表揚和誇獎的話來鋪墊，這會使人更願意聽你講話，即便是批評他的話，他也更願意了解自己被批評的原因並改正自己的錯誤。

說話的智慧

如果你的目的是想要讓對方變得更加積極，那批評不是好主意。我們應該突破傳統思維，控制好自己的情緒，冷靜的去思考，往往就會發現讚美的客套話所帶來的效果，有時遠勝直接批評。比如，「你太善良了，所以常常吃虧。」這時，雖然說的是對方的缺點或弱點，但對方聽起來卻好像是在誇讚他的優點。

第七章

講話沒人聽？這樣說，99%的人心甘情願照著做

1 聊他的興趣，他會對你有興趣

與任何人交談，可以多談談對方關心和得意的事，這樣很容易就可以贏得對方的好感和認同。

林倫蓄鬍已經有很長時間了，有一天，他忽然心血來潮，準備把鬍子剃掉，可是他又有點猶豫：「這樣突然改變形象，朋友和同事會怎麼想，他們會不會笑話我呢？」林倫想了好幾天，最終還是下決心把鬍子剃掉。

第二天上班，林倫心中有些忐忑，然而，結果出乎意料，沒有人對他的改變發表意見。只見大家都匆忙來到辦公室，然後開始忙碌著各自的事情。

最後林倫忍不住問了一個同事：「你覺得我這副樣子怎麼樣？」

對方聽了，愣了一下，說：「什麼樣子？」

「難道你沒注意到我今天有點不一樣嗎？」

這個同事開始從頭到腳仔細打量了他一番，點了點頭，說：「嗯，感覺是有些不同，好像比以前更有精神一點。」

後來，林倫常講起這個經歷，他說：「你不知道我心中有多麼失落，一直以來我都以為別人會注意到我，現在想想，真是幼稚。」

其實，林倫的想法一點兒也不幼稚。每個人都會覺得自己很重要，都渴望得到他人關注的目光，所以我們會想要表現自己，獲得他人的關注和欣賞。無論你是出於什麼樣的目的和對方交談，如果能在一開始說話時就讓對方心生好感，你在他的心裡就已經留下了一個好印象，那麼以後的交談也一定愉快而且順利。

原來的單位精減人員，梁先生因此失業了許久。經過幾個月的努力，梁先生終於得到一家大公司的面試機會。他在面試前做了非常充分的準備。在面試的前一天，還先到那家公司去看了看。

一開始他只是想去看看現場，以免到時因為難以適應環境而緊張。但到那家公司後，他又多了個心思，那就是順便打聽一點情況。梁先生看到辦公大樓的大廳處擺放了幾艘製作得非常精緻的輪船模型。

梁先生正在尋思之時，一名大樓管理員注意到他，並且問他是否需要幫忙。梁先生告訴他自己第二天要來這裡面試，所以先來了解一下。那名管理員非常熱情，給他介紹了公司的一些事情。梁先生非常高興，最後奇怪的指著那些輪船模型，問：「為什麼這裡要放這些輪船模型？」管理員笑著說：「公司的老闆是個船模收藏迷，對輪船很喜愛。」梁先生聽後，若有所思。

當天下午，梁先生就去附近的圖書館，查看了有關舊輪船的資料。第二天，梁先生走進辦公室面試時，發現裡面也有很多輪船模型。梁先生與面試官見面時，突然指著其中的一艘模型說：「那艘船不就是哈德遜號嗎？」

面試官感到意外，笑著說：「你對船模有研究？」梁先生微笑著說：「我對船比較感興趣，談不上研究，有一點了解而已。」接著，他說了自己所知道的船。面試官頓時對梁先生產生了好感，最終他得到了這份工作。

與任何人交談，都可以多談談對方關心和得意的事，這樣很容易就可以贏得對方的好感和認同。有人喜歡繪畫、有人喜歡音樂，還有人喜歡下棋、養鳥、集郵、書法、寫作等，人人都喜歡從事和談論自己最感興趣的事。從這方面入手，打開他的「話匣子」，再對他進行說服，便較容易達到說服的目的。

多聊對方關心和得意的事，也是深通人心的做法，但有不少的人不懂得這其中的道理，卻常常從自身的愛好出發，說自己喜歡的話題，聊自己得意的事，結果對方不感興趣，甚至不耐煩。

每個人都喜歡說自己得意的事，對於希望在人際交往當中獲得成功的人而言，這無疑是一個心理弱點，但對於交往對象而言，這又是一個心理突破口。至於你如何把握這一點，直接關係到人際交往的成敗。

說話的智慧

說服別人，並不要求你有多麼好的口才，若你了解人的心理，善於聊一些對方得意之事，那麼說服並不困難。聊對方的得意之事，巧妙的讚揚對方的成就，會使對方的自尊心得到極大滿足，對方甚至會覺得你是他的知己。如此一來，還有什麼事情辦不好呢？

2「廢話」也是場面話，說得好更受歡迎

說廢話的基本思路：說完每句話之後，如果對方感興趣就順著他的話題走下去，如果不感興趣就換個話題。

孟小姐剛到職沒多久，便得知後勤部的陳姐是公司裡人緣最好的人。於是孟小姐就特別注意她。陳姐的外貌並不出眾，然而每天中午在餐廳吃飯時，總會有人端著餐盤往她身邊湊，無論男女都樂意跟她一起共進午餐。

孟小姐覺得很奇怪，就問同事：「為什麼大家都喜歡陳姐？」那同事想了想說：「嗯，是啊，為什麼呢？我也不是很清楚，可能是因為陳姐是個『廢話匣子』吧。管她呢，反正陳姐這人很好啦。」

孟小姐感到很糊塗，這是什麼理由？因為廢話，所以喜歡她？為了揭開這個謎底，她也主動成了陳姐的「粉絲」。慢慢的跟陳姐熟悉了之後，她發

現陳姐的「廢話」還真能「服人」。

有天早上，孟小姐早到了，就在中庭的綠化帶散步，遠遠的，就看見陳姐對她招手：「小美女，一大早就在這兒吐納，妳可真會保養！」

孟小姐客氣的跟她說自己懂一點中醫，陳姐馬上從中醫說到韓醫，又說起了中醫與韓醫的區別……時間就在她的廢話中一眨眼過去了。

孟小姐說得少聽得多，但是心裡的確放鬆了很多。聽著陳姐說的那些廢話，似乎頗有點寧神靜氣的效果。於是，孟小姐跟陳姐成了好朋友。

有一次，她們一起吃飯，孟小姐才知道這個性格外向的陳姐竟然是愛爾蘭某國立大學的畢業生。但是陳姐笑稱，在愛爾蘭留學那幾年，最大的收穫不是學位，而是學會了做個「廢話小姐」。在愛爾蘭，等巴士時，若不跟身邊的人說上幾句廢話，那是很失禮的行為；在戲院排隊買票，若不跟身邊一起排隊的人扯上幾句，也很不禮貌……。

回國找工作面試時，別人都是正襟危坐的介紹自己的學歷、能力、近期規畫、遠期規畫之類的。她卻不是這樣，還沒有坐下來，就開始說廢話了：「我覺得貴公司洗手間裡的洗手液，水加多了。當然公用洗手液加水是符合節省開支理念的做法，但是據我了解，三：七的比例是最合適的，水的比例再高，就會造成一次擠壓出來的洗手液達不到清潔效果而必須二次擠壓，這樣一來，反而造成浪費……」。

陳姐應徵的職位是行政助理，而這一番廢話，卻讓老總對她刮目相看，因此把她留下來擔任後勤部執行主管。

其實廢話並不是我們想像中那般無用，雖然廢話的意思並不明確，可廢話在人際交往中卻不可或缺。它既可以溝通思想，拉近彼此的距離，又可以促進感情交流，摸清對方的喜好、性格特徵和對自己觀點的支持與認同感。所以，人們在交流過程中，其實往往是靠廢話來聯繫的。

有句堪稱經典的廢話——今天天氣真好！包括國家元首在內的問候，都會說這句經典的廢話。每個人都知道今天天氣好不好，可是，為什麼非要說這句話？其實，說這句話的目的，就是要引申出其他更多的內容。

所以後面就有了這樣一番對答：「嗯，今天天氣真的很好！」、「有沒有打算去哪玩？」、「本來準備去郊遊。」、「可為什麼沒去呢？」、「沒錢啦！」、「這個月還沒發薪水啊？」、「發了，用完了！」、「那麼快就用完啦？你都用到哪去了啊？」、「買衣服、護膚品……」。

看，一句廢話引出多少正經話。如果沒有廢話，你的每句話都充滿意義，那麼你會發現，你的聽眾會厭煩。廢話，真實的講，就是沒有目的的語言，因為沒有目的，所以更能讓人親近，讓人信任。

陳姐之所以如此受人歡迎，正是因為她廢話連篇，說出的話沒有目的性，讓別人與她交流時沒有利益得失，因而感覺很輕鬆，進而產生一種親近感、愉悅感，跟她做好友就成了自然而然的願望。

廢話不僅可以讓你做個受歡迎的人，還可以達到四兩撥千斤的效果，所以，為人處世就要學會說一些廢話。一般來說，**受人歡迎的廢話主要涉及三大方面：天氣、美食、美景**。

如果對方對吃喝玩樂不感興趣，那就說說各自的大學、當下的時事焦點問題等。有經驗的人會仔細傾聽，找到對方感興趣的內容，然後再開始說廢話。對方喜歡足球，那就聊足球；對方愛旅遊，那就聊旅遊；對方愛收藏，就聊古董。

總而言之，就是要抓住人的心理，充分發揮廢話的無用之用。

說話的智慧

說廢話一定要適度，廢話說太多，顯得人囉唆、輕浮，千萬不要剛一轉身就被人罵「嘴真貧」、「真無聊」。說廢話不是打屁，而更近於輕鬆自在的寒暄，因此給人親切之感。

3 我是站在你這邊的

要說服對方，最好的辦法就是引起對方的共鳴，取得對方的理解。必要時應向對方表態：「我是站在你這邊的！」

立場是說話的出發點，如果站在對方的立場上分析問題，就能給對方一種為他著想的感覺，這種投其所好的技巧常常具有極強的說服力。要做到這一點，「知彼知己」十分重要。唯先知彼，而後方能站在對方立場上考慮問題。

那麼，怎樣了解對方呢？首先是需要衡量對方的實力與處境，其次是察言觀色，最後是揣摩對方的心態。做到了這三點，才能順利的達到說服的目的。

以導遊為例，如果要說服遊客，一定要先了解遊客們說了什麼，怎麼說的，必要時還可以引導遊客說出內心的真實想法。掌握了遊客的真實想法就等於掌握了說服遊客的主動權，就可以對症下藥的選擇恰當的說服角度和特定的說服方法，從而有效的說服遊客。

連假期間，有一個旅遊團到北京遊覽，在去長城的路上遇到塞車，一堵就是幾個小時。這時，遊客們等得不耐煩了，導遊知道遊客有一肚子的火要發，但是這時候他也不可能說服遊客。於是導遊趕快下車，努力的在車外面前後跑，認真的將查看到的塞車情況向遊客們彙報。

遇到其他車的導遊時，他就大聲抱怨：「真倒楣！我們的時間都給耽擱了。汽車要是能飛起來就好了！早知道這樣，真不該安排大家今天去長城！什麼，你說上哪裡都堵車？真是的，我的遊客們怎麼辦呢？」

面對忙前忙後、氣喘吁吁，和滿腹牢騷的導遊，有的遊客甚至安慰起他來。這個時候，再來說服遊客，或組織遊客搞一些打發時間的活動，就會更容易一些。

其實，這位導遊的做法就是順著遊客的思路，巧妙的借自己的口說出了遊客的想法。當然遊客會想，既然已經這樣了，也沒別的辦法，只能等，並按照導遊的安排搞一些趣味活動。

要說服對方，最好的辦法就是引起對方的共鳴，取得對方的理解。而在此之前，你要做的就是先理解對方。

馬先生在他訂購的牛奶中發現了一小塊玻璃碎片，於是前往牛奶公司投訴。不用說，他的情緒是憤怒的。一路上他已經打好腹稿，並想出了許多尖刻的詞語。

一到經理辦公室，他連自我介紹都省略了，把經理伸出的友誼之手也撥向一旁，並把自己的不滿情緒一股腦的發洩出來：「你們公司簡直是要命公司！你們都掉進錢眼兒裡去了！為了自己多賺錢，多分獎金，把我們消費者的生死置之度外！」

接待馬先生的經理經驗豐富，面對這種指責，沒有動怒，仍舊誠懇的對他說：「先生，究竟發生了什麼事？請你快點告訴我，好嗎？」

馬先生繼續激動的說：「你放心，我來這裡正是為了告訴你這件事的。」說完，他從提袋中拿出一瓶牛奶，「砰」的一聲，重重的往辦公桌上一放，說：「你自己看看，你們做了什麼樣的好事！」

經理拿起牛奶瓶仔細一看，什麼都明白了。他變得嚴肅起來，有些激動，說：「這是怎麼搞的？人吃下這東西是會要命的！特別是老人和孩子若吃到肚子裡去，後果不堪設想！」

說到這裡，經理一把拉住馬先生的手，急切的問：「請你趕快告訴我，家中是否有人誤吞了玻璃片，或被它刺傷口腔？我們得馬上送他們去醫院治療。」說著，拿起電話準備叫車。

這時候，馬先生心中的怒火已消了一大半，他告訴經理並沒有人受傷。經理這才放下心來，掏出手帕，擦擦額頭上滲出的汗珠，說：「哎呀！真是謝天謝地。」

接著經理又對馬先生說：「我代表全公司向你表示感謝。因為你為我們指出了工作中的一個重大失誤，幫助我們消除隱患。我要立刻將此事向公司通報，採取措施，今後務必杜絕此類事情發生。還有，你的這瓶牛奶，我們要照價賠償。」

經理的這番話，一下子把氣氛給緩和了。馬先生接過賠償時，氣全消了，說：「經理，你是個好人。」接著他便開始向經理建議，該採取什麼樣的措施才能避免此類事故再次發生，雙方越談越融洽。

這位經理處理這起顧客投訴，有幾點做得很好：第一，當顧客發火時，他很冷靜；第二，用詢問的方法鼓勵顧客把真正的原因講出來；第三，當顧客講清原因後，站在顧客的立場上考慮問題，當即採取措施；第四，對顧客前來投訴表示誠摯的感謝，並就做好工作的問題繼續聽取顧客的建議。

說話的智慧

面對別人的責難，先不要試圖爭辯和反駁，最好冷靜下來，把事情的經過和原委都弄清楚。如果必要的話，你應該向對方表態，告訴對方：「我是站在你這邊的！」在說服別人時，你的立場很重要。若是你不能為對方考慮，那麼想要達到說服的目的是很困難的。

4 善用例子和數字，他會對你更感興趣

針對對方的喜好，說明具體的好處，將會讓對方對你的建議感興趣。

聶先生是一位知名的演講家，有一次，他先後接到兩家補教機構的演講邀請電話。

第一位邀請者在電話中說：「請先生不吝賜教，為本公司傳授說話的技巧給中小企業管理者。由於我不太清楚您所演講的內容為何，就請你自行斟酌吧。聽眾大概不超過一百人。拜託了！」

而第二位邀請者的說辭是：「懇請先生不吝賜教，傳授一些增強中小企業管理者說話技巧的訣竅。參加的對象都是擁有大約五十名員工的企業管理者，預定聽講人數為七十人。

「此次懇請先生前往演講的主要目的，是希望讓所有研習者明白，不能

清楚表達自己想法的人，無法成為優秀的管理人才。希望演說時間能控制在兩個小時左右，內容鎖定在三個方面：第一，學習說話技巧的必要性；第二，掌握說話技巧的好處；第三，說話技巧的學習方法。希望你能帶給大家一次別開生面的演講。萬事拜託了！」

很顯然，第二位邀請者的說話方式要比第一位的好一些，因為那能帶給受邀者好感。而事實上聶先生也是這麼認為的。

他認為，第一位邀請者說話時平淡無力，缺乏熱忱。給人的感覺，便是一副為工作而工作的態度，讓人感受不到絲毫的熱情，也給他留下了相當不好的印象。此外，對方既沒明確的提示聶先生應該做什麼，要做到什麼程度，也沒有交代清楚聽講人數，這讓聶先生如何決定演講內容呢？

而第二位邀請者的說話方式則完全不同。聶先生可以清楚的感覺到這個邀請者辦事明快幹練、信心十足，完全將他的熱情毫無保留的傳達給自己。更重要的是，對方在他還沒有提出問題的情況下，就解答了所有的疑問。

從案例中就可以看出來，第一位邀請者說服失敗的最主要原因，就是不能清楚的表達自己的意思。而第二位邀請者則清晰的表達了自己的目的，因此得到了聶先生的讚賞和認可。

由此可見，具體說明你所想表達的內容，讓被說服者更加清楚的理解你的意思，這些對於說服工作的重要性。那麼，我們究竟應該怎樣說服對方呢？

1 使用確定性詞語，少用模糊描述。

當你打算說服一個人時，盡量不要使用模糊的說辭，像「大概」、「可能」、「也許」之類的詞語，會讓你的說服力下降。你應該試著清楚的描述事情的原委，表達自己的目的。像「如此一來不就大有改善了嗎」之類的話，能夠更進一步深入話題，好讓對方能夠充分理解。

2 使用生動性描述，少用專業術語。

為了讓你的描述更加生動，少不了要引用一些比喻、實例來加深被說服者的印象。適當引用比喻和實例能使人產生具體的印象，能讓抽象晦澀的道理變得簡單易懂，甚至使你的主題變成更明確或為人所熟知的事物。如此一來，就能夠順利的讓你的觀點在對方腦海裡產生鮮明的印象，也就更容易說服對方。

3 告訴對方能得到什麼利益。

與其講「趕快將這件事做完」，不如說「如果你能夠盡快把這件事做完，那就會有充足的時間來做下一件事。」現在雖然辛苦一些，但是做下一件事時則會有充分的時間，對當事人來說，這無疑是一種很大的誘惑。

搭乘公車的人都有這樣的經驗，當公車客滿時，許多人會站在門口不想往裡面擠，司機扯著嗓子喊：「麻煩各位往裡擠一擠。」乘客卻照樣無動於衷。如果司機大聲嚷嚷「裡面還很空」，那麼，許多乘客就會往裡擠。

因此，在說服前，你必須能夠準確的揣摩出對方的心理：他在想什麼？他慣用的行為模式是什麼？現在他想要做什麼？針對對方的喜好，說明具體的好處，將會讓對方對你的建議感興趣。

4 告訴對方該如何行動。

光有理論分析是不行的，方法非常重要，如果沒有具體的操作方法，你的說服力將會大打折扣。因此，你要讓對方明瞭：他應該做什麼？做到何種程度最好？到了這一步，對方往往就會很痛快的按照你的指示去做。

總結來說，清楚的表達能力是成功說服中不可缺少的要素，對方是否能夠清楚理解你的想法與計畫，取決於你如何巧妙運用你的語言技巧。另外，除了上述幾點之外，說話速度的快慢、聲音的大小、語調的高低、停頓的長短、口齒的清晰度等都不能被忽視，還有適當的表情、肢體語言等輔助手段，都將影響表達的清晰度。

說話的智慧

高深莫測的談話，也許能夠唬住一些人，從而達到說服的目的，但是這樣做也容易引起人們的疑慮。事實上，清晰的表達對於說服會更加有利。它可以讓人更快明白你的意思，而具體的好處、做法和目的，將消除被說服者心中的疑慮，這將有利於你的說服。

5 激將法有用，得要小心使用

將責任推到對方身上，說他「頑固」、「執迷不悟」、「沒救了」，原本不想聽你解釋的人，反而會想聽你說。

當你有一千條、一萬條理由，但你的女朋友也不願意聽你解釋時，有個辦法或許能夠幫助你——指出對方的弱點，把責任推卸給她。你可以說：「反正我說再多的理由也沒有用，妳這個人太傻、太固執，又向來輕信謠言，還是不說了。」這樣一來，對方反而會不服氣，說：「好啊，那你說說，我怎麼固執，怎麼傻？怎麼就輕信謠言了呢？」你的話刺激到她了，所以原本不想聽你解釋的人，變得特別想與你理論一番。

有的人個性頑劣，不易接受別人的勸告，如果你總是正面說服勸阻他，他反而勁頭十足，越來越壞，絲毫不見效果。對付這種人，不妨換一種說法，刺激他一下：「像你這樣頑固的人，我說什麼你也不會聽，說多了白費口舌。」或者說：「像你這樣執迷不悟的人，沒救了，我完全無話可說。」

將責任推到他身上，說對方「頑固」、「執迷不悟」、「沒救了」，很容易刺激到他。本來這樣的人逆反心理就特別強，這麼一刺，對方反而會想要聽聽你的說法。

當你告訴別人某件事不能做時，對方可能會很想試一試；當別人說你做某事不行時，你反而可能爆發出激情。例如，當上小學的孩子不願意做某件事時，只要加上一句「這孩子不是不做，可能是沒有能力做吧」，很奇怪，孩子本來不願做的事，這時會主動去做。也就是說，不說孩子不願意做，而是故意強調孩子能力不足，這樣恰恰激起了孩子戰勝不滿情緒的自尊心。

這就是激將法。激將法是對「自我服務偏差」和「他人評價顧忌」的綜合運用。大多數人在「自我服務偏差」的作用下，認為自己高於平均水準。尤其是內心驕傲、有過超常表現的人更是如此。這種人非常在意別人評價，唯恐被別人輕視小看。

一般來說，傲氣十足的人，都喜歡正面的恭維。因為他對面子看得很重，同時，這類人也非常講究分寸，正面恭維可以讓他飄飄然。如果你對他能夠當面「美言」幾句，他很快就會順從你的意圖。但是傲氣的人也有頑固時，如果這樣的人不願意接受你的要求，就可以選擇使用激將法，刺激他的自尊心。

某橡膠廠進口了一整套價值兩百萬元的現代化膠鞋生產設備，由於原料與技術能力跟不上，擱置了四年無法使用。新任廠長決定將設備轉賣。

正式談判之前，甲方了解到乙方兩個重要情況：第一，該廠經濟實力雄厚，但基本上都投入了再生產，要馬上騰挪兩百萬元添置設備，困難很大；第二，該廠廠長年輕好勝，幾乎在任何情況下都不甘示弱，甚至經常以拿破崙自詡。了解到這些情況後，甲方廠長決定親自與乙方廠長進行談判。

甲方廠長：「昨天在貴廠轉了一整天，詳細了解貴廠的生產情況。你們的管理水準確實令人信服。你年輕有為、能力非凡，讓我很欽佩。」

乙方廠長：「老兄過獎了！我年輕無知，還希望得到老兄的指教！」

甲方廠長：「我向來不會奉承人，實事求是。貴廠今天辦得好，我就說好；明天辦得不好，我就會說不好。」

乙方廠長：「老兄，我廠的設備如何？聽說您打算將貴廠進口的那套現代化膠鞋生產設備轉賣給我們？」

甲方廠長：「貴廠現有生產設備，放在國內看是可以的，至少三、五年之內不會有什麼大問題。關於轉賣設備之事，尚有兩個問題。第一，不知貴廠是否有經濟實力購買這樣的設備？第二，即使有能力購買，貴廠也未必有能力招到懂得操作這套設備的技術人才。」

乙方廠長聽到這些話，頓時覺得被甲方廠長輕視了，十分不悅。於是，他向甲方廠長介紹了自己廠的經濟實力和技術力量，表明自己廠有能力購進並操作管理這套價值兩百萬元的設備。經過一番周旋，甲方成功的將閒置了四年的設備轉賣給了乙方。

在利用激將法來說服別人時，可以利用對方的「地位意識」。例如，說服自己的主管時，可用「我可能沒有能力做這項工作」來強調自己的能力不足，以及掌握情況不夠等，就會刺激對方的「地位優越感」，他會說：「嗯，你可能不行，還是我來做吧！」從而輕易的接受你的說服。

說話的智慧

沒有哪種方法是萬能的靈丹，激將法也是有局限性的。激將法實質就是利用故意表現出來的「看不起」的態度來激發個體的鬥志，促使他傾盡全力取得「讓人看得起」的業績。用「看不起」來刺激人，往往會讓人將這種故意的「看不起」視為真正的「看不起」，從而在心中留下很深的芥蒂。因此，在使用激將法說服他人時，一定要注意分寸，不要亂用。

6 重點不是說什麼，而是怎麼說

說話要講究言辭得體、態度自然，表現出你的善意，如此才能夠引起他人的注意，受到他人的歡迎。

許多人排隊等著使用印表機，這時候，一個人走到隊伍的前面，對大家說：「很抱歉，各位能讓我先列印嗎？我趕時間。」這時候，大概有許多人都會很不滿。而如果這個人說：「很抱歉，能讓我先印嗎？因為我需要列印好幾份文件，這些文件急著要用。」這個時候，同意讓這個人先列印的人會立刻多很多。

說法不同，導致不同的結果。話說得好，說得恰當得體，自然皆大歡喜。而話說得不好聽，那就沒人買帳。這是最正常不過的事情。當你的話說得不好聽，最終導致無法說服別人時，不要說什麼「話糙理不糙」，與其埋怨，不如多花點心思，修飾一下自己的表達。

有一對父子冬天在市集上賣夜壺。父親在南街賣，兒子在北街賣。兒子的攤位前圍滿了看貨的人，其中一個人看了一會兒，便說：「這夜壺大了些。」兒子聽後，臉上流露出鄙夷和不滿的神態，他接過話說道：「大的好哇，裝的尿多！」人們聽後，覺得他講話十分不中聽，便紛紛離去。

在南街賣夜壺的父親也碰到了同樣的問題。一個老翁喃喃自語：「這夜壺大了些。」他態度溫和的對老翁說：「夜壺是大了些，可你仔細考慮一下，冬天夜長啊！」一些顧客聽後，都覺得他說得有理，痛快付錢買夜壺。

父子倆同在一個市集上賣同一種商品，結果兒子的商品一件沒賣出，父親卻賣了許多。為什麼？因為兒子不注意說話方式，語言粗俗，使人不悅。而父親是個高明的商人。

這位父親是一位高明的說服者，他先說認同顧客的話，「是大了些」，以認同的態度拉近了與顧客間距離，然後，又以委婉的言辭「冬天夜長啊」相勸，這看似離題的話卻頗有韻味，其言外之意是：「冬天天冷夜長，夜解次數多且怕冷不願意下床是自然的，大夜壺正好派上用場。」這種設身處地的善意提醒，顧客不難明白。賣者說得有理，顧客樂意購買就是很自然的了。

兒子一句話砸了生意，父親一句話盤活了生意，這不正說明說話方式的重要性嗎？可見，說話要講究言辭得體、態度自然，表現出你的善意，如此才能夠引起他人的注意，受到他人的歡迎。相反的，若話說得難聽，必然不會有好結果。

比如菜市場售貨員看到顧客剝開大白菜的菜葉，就大聲的叫喊：「不准剝菜葉！」顧客辯解：「誰剝了？誰剝了？你哪隻眼睛看見我剝了？」因此，常常會引發爭吵。如果售貨員能夠換一種說法：「小心了，這菜嫩，別碰落了菜葉。那樣的話，就不保鮮了。」把「剝」換成「碰落」，這意思就不一樣了，變有意為無意，就流露出對顧客的寬容和理解。

有個人出差，在飛機上用餐時，空姐推著餐車詢問乘客：「『要飯』還是要麵？」這讓人聽了很不舒服。怎麼說「要飯」？自己又不是乞丐。這個人就對空姐說：「小姐，如果妳能夠把『要飯』改成『吃飯』，會更好一些。」空姐聽了乘客的話，連忙點頭說：「先生，你說得對，謝謝你的提醒。」自此，空姐的詢問變成了「吃飯還是吃麵」。

有的酒店服務人員經常與顧客發生爭吵，其中最大的原因就是用語不當。比如，有的服務人員在顧客結帳時說：「你等一等，讓服務人員查看一下房間有沒有缺少東西。」顧客聽了這話，心情肯定不會太好。

查房原本就是正常的程序，其目的非常明確，但是就這樣對顧客說出來，好說不好聽，等於把顧客全當作賊了。那該怎麼說？「先生，請你稍等，我幫你看一下有沒有物品忘了拿。」這樣的表達方式，不僅更能讓人接受，而且充分體現了為顧客著想。總而言之，表達不同，收到的效果就不一樣。很多時候，不看你說什麼，就看你怎麼說。

★說話的智慧

把話說得客氣點，別人聽著也就舒服一點。相反的，若你說話不客氣，則很容易引發紛爭，不僅無法得到他人的認同，還會帶來很多麻煩，影響你的辦事效率。因此，在說話之前，最好站在別人的立場上，多動一番腦筋。

第八章

尷尬又冷場，怎麼解？

1 啊！你看，有流星！

在遇到不太妙的狀況時，透過話題的轉換，可引導他人轉移視線，從而化解尷尬。

現場的氣氛變得緊張時，容易導致爭執和僵局的出現，這不利於交流。當你發現氣氛趨於緊張時，就要注意了。若能採取一些恰當的手段，便能夠緩和氣氛，打破僵局，推動交談繼續進行下去。

有一種「流星戰術」，自古以來一直為人們所運用，可以達到緩和氣氛、打破僵局的目的。何謂「流星戰術」？其實就是轉換話題、轉移視線，以緩和氣氛、化解尷尬。為什麼叫作「流星戰術」呢？這是因為人們在轉移別人的注意力時，經常會突然手指天空，高聲大叫：「啊！你看，有流星！」

這麼一說，你應該就明白了，事實上，你也許經常使用這一招。尤其是在遇到不太妙的狀況時，透過話題的轉換，引導他人轉移視線，從而化解尷尬。

有位母親帶著三歲的孩子去逛百貨商場，忽然，孩子叫嚷了起來。原來孩子看中了一個玩具車，非要母親買下來不可。母親正被糾纏得無可奈何，忽然靈機一動，說：「嘿！你看那是什麼東西，是不是大力士呀？」

孩子立刻停止哭鬧，朝著母親所指的方向看去，然後就讓母親乖乖的抱走了。如果你的孩子哭得無法遏制，你又怕哭聲干擾別人，就可以適當運用這種戰術，很快就可以將孩子的哭聲止住。

當然，這種「流星戰術」的對象並不僅限於小孩，在一些緊要關頭採取這種做法往往也會奏效。比如，某公司的經理在解決勞資糾紛時，對方來勢洶洶要經理當場拍板，經理卻不做正面回答，反而從容鎮定的說：「嘿，你的聲音不錯嘛！很適合當歌星。」

這樣一來，緊張的氣氛一掃而光，同時也削弱了發言者的氣焰，這就是「流星戰術」的效果。

前段時間，張老師所在學校的教務主任退休了。張老師是最有希望接任教務主任這一職務的，因為張老師已經連續五年當選為校級模範教師。可是，一個多月過去了，沒有任何任命。張老師找校長談，暗示了幾回，校長仍然沒有任何表示。張老師和妻子決定請校長吃飯，順便探聽虛實。

席間，校長顧左右而言他，就是不提選拔教務主任的事。張老師有些急了，對校長說：「校長，李主任退休那麼久了，教務處那邊總該有個人擔著，校長你一人擔兩職，實在辛苦，這不是長久之計啊！」

校長笑笑說：「這個事情啊，董事一直在開會討論，我們學校實在是人才濟濟，還得從長計議啊！」

「可是，按照資格來說……再說，這選誰還不是校長你說了算嘛！」張老師有些不滿校長的話，直接用話打臉校長。

結果校長一聽這話，立馬變了臉色，正要開口斥責張老師。

這個時候，張老師的妻子看出氣氛不對，當即說道：「哎喲，真是的，你們男人怎麼吃飯也離不開公事啊！今天我們單純就是吃飯，不談公事啊！趕緊吃菜，老張，快幫校長倒酒。」

張老師明白妻子的暗示，立刻給校長倒酒。接下來，張老師和校長談論了學校裡的一些事情，中間不免有氣氛緊張的時候，好在張老師的妻子每次都能在關鍵時以敬酒為名，避免兩人起爭執。

最後，校長表示這頓飯吃得很愉快，並感謝張老師夫婦的款待。

張老師的妻子無疑是一個有智慧的人，她能夠敏銳的察覺現場氣氛的變化，同時能夠適時的採取「流星戰術」轉換話題，緩和緊張氣氛，為雙方的溝通創造更加良好的氛圍。

在交際場合中，如果某個較為嚴肅、敏感的問題弄得交談雙方劍拔弩張，甚至阻礙交談順利進行，我們也可以使用「流星戰術」，暫時迴避一下，以達到避開尷尬的目的。

有一天，小金正在伏案寫報告時，同事洪大炮卻在對面唾沫橫飛的說長道短：「哎，我說小金啊，你知道嗎？我們部門那個新主任的人選已經定了，就是剛來的那個MBA。嘿，你說，他憑什麼呀？小金，你一個本科生加上四年的工作經驗還不敵他一個剛畢業的MBA？這都是什麼世道啊？我都替你不值啊！」

然而小金沒有表現出絲毫驚訝或激動，連頭也沒有抬一下，只是漫不經心的說道：「是嗎？那我得先謝謝你，給我提醒，老洪，你是一個仗義的人。看來我還得繼續努力工作呀，讓人家後來居上，我的老臉往哪兒擱呀？你說是不是？」說到這裡，小金突然問：「啊，對了，老洪，昨天我要的那份資料你弄得怎樣？」

洪大炮明顯愣了愣，然後才說道：「哦，你等一下，我馬上去找給你。」說著，轉身出門去了。

在上面這個例子中，小金透過轉移話題的方式，輕易便避過了敏感問題的討論。在現實生活中，我們難免會遇到像洪大炮這樣的人，他們專門以傳播小道消息來拉攏人。和這種人打交道，若你直接堵對方的嘴，對方可能會覺得不高興，甚至會覺得你瞧不起他。得罪了這樣的人，難免就會遇到一些麻煩。

這樣的人要是抓到你的小辮子，製造一點不利於你的流言，即便沒有大礙，也難免會影響心情。怎麼辦呢？你可以對他所說的內容假裝糊塗，充耳不聞，但表面上做出對他個人很買帳的姿態，哄他開心，再把話題岔開就可以了。

說話的智慧

我們與人交談，不慎說到尷尬話題，也會經常使用換話題這一招，比如，「哦，今天我們不談公事」、「不說這個了」，這種岔開話題的方式其實不太好，因為不夠自然，是一種生硬的拒絕方式。

如果你打算岔開話題，最好不要使用提醒式的話，否則會讓人感覺不太好。嘗試使用本篇中提到的「流星戰術」，可以很好的迴避尷尬問題。

2 給人臺階下，他會感激你

維護他人的自尊，實際上也是給自己一個臺階。如果你想獲得他人的尊重，讓彼此的關係更融洽，就要懂得照顧他人的感受。

什麼樣的人最得朋友的歡心呢？這個問題不好回答，但如果一定要說出個所以然，那麼應該是那些懂得維護朋友尊嚴的人吧。他們從來不做拆臺的事情，樂於助人，在關鍵的時候，他們能夠幫人撐住場面，而在尷尬的時候，他們又能夠及時出現，為人解圍。

田先生出席朋友的小宴會時發現，朋友請了十個人才準備三瓶酒。他知道十個人五道菜起碼得有五瓶酒，因此他心中琢磨朋友必定是手頭不寬裕。明白過來後，他不露聲色，向朋友請纓為大家斟酒。結果，五道菜上完，大家的酒杯還是滿的。朋友覺得有面子，非常感激田先生幫他圓了場，與田先生的關係越來越好。

田先生要讓朋友「出洋相」簡直太容易了，如果他性格直爽，不懂得其中的奧妙，往往就會脫口而出「這些酒哪夠啊」。這樣的情況在生活當中很常見，但是這樣的話一說出來，朋友心裡肯定會不舒服。

除了維護朋友的尊嚴，有的時候，還要給朋友面子，不要讓別人感覺掉價。

張姐買了一件衣服，陳小姐看見了，稱讚道：「哇，張姐，妳穿上這衣服顯得好有精神啊！新買的，花了不少錢吧？」張姐開心笑道：「呵，妳猜猜看。」

陳小姐了解市場行情，知道這衣服兩、三百元就能夠買得下來，但她沒有直接說出來，而是猜測道：「這是現在的時尚流行款，料子也很不錯，至少得花四、五百元吧？」張姐一聽更加高興，笑得兩隻眼睛瞇成一條縫，道：「妳沒想到吧，我才花兩百元就買下來了！」陳小姐大拇指一翹：

「嗨，張姐，妳行啊！下次我買衣服，找妳幫我砍價。」張姐笑著說：「沒問題。」

陳小姐故意把價格說得高一些，從而令對方產生成就感，當然會使對方高興。這樣說話，實際上就是捧場，自然讓人開心。

相反的，如果陳小姐說：「這種衣服也就兩、三百元。」你想想張姐心裡會是什麼感受？如果她比較和善，她會想：難道我的眼光不行？如果她的情緒比較煩躁，或許她就會說：「妳這人也太沒眼光了。」總之，她絕對不會如此高興，心裡還可能會產生一些疙瘩。

而陳小姐三言兩語，說得張女士開心不已，這就是因為陳小姐深明人情世故。人都希望自己的臉面有光，擔心掉價。如果你想讓一個人高興，並想與之和睦相處，就應該盡可能的給他捧場。

有人覺得這是投其所好的世故奉承，因而不屑為之。但他們沒有想過，這樣做的出發點是光明正大的。給人捧場，無論是對自己、對對方，還是對社會，都是沒有害處的，相反的，這種人際互動技巧往往能給對方、給社會帶來歡樂。

面對一位三十多歲的女人，你說她看上去只有二十多歲；面對一個六十多歲的老人，你說他看上去只有四、五十歲。這種「美麗的錯誤」，對方是不會認為你缺乏眼力，更不會對你反感，相反的，會對你產生好感，形成心理上的相容。既然如此，你又何樂而不為呢？而且，這樣做能夠讓人獲得美好的心情，又沒有任何妨害他人之處。對於這樣的美麗的錯誤與無害的陰謀，我們多說一些又有何妨呢？

照顧別人的顏面，這是為人處事應該學習的。懂一些人情世故，照顧別人的面子，會讓你的人際關係更加和諧，也能讓社會少一些矛盾衝突，多一些和氣。場面上的事情，總是要做得妥貼一點，光彩一點。這也是對別人的一種尊重。你希望別人怎樣對待你，你就應該怎樣對待別人。你維護別人的尊嚴，別人也會在意你的尊嚴。照顧他人的尊嚴，不忽略他人的感受，能於不動聲色中幫助他人擺脫窘境。這樣的人又怎麼可能不得人心呢？

相反的，你若是不懂其中的奧妙，話說不美，不僅不能圓場，還很容易造成尷尬。有的人請客吃飯，進門就問：「今天有什麼菜特價啊？」弄得一旁隨同前來的客人直皺眉，心裡想：「難道在他心目中，我是那種只配吃特價菜的人？還是說，他原本就是一個貪小便宜、目光短淺，又毫無生活品質的人？看來我得重新考慮跟他合作的事情了。」

提倡勤儉節約，拒絕鋪張浪費是一貫主張的原則。但是，這需要講究技巧，不宜大張旗鼓的表現出來，或是讓對方察覺出來，否則就成了小氣、吝嗇的表現，這將直接影響對方對你的看法，甚至會打消對方與你交往的想法。這可就因小失大、得不償失了。

說話的智慧

維護他人的自尊，實際上也是給自己一個臺階。如果你想獲得他人的尊重，讓彼此的關係更融洽，就要懂得照顧他人的感受，在對方遇到尷尬局面時，要能想方設法維護對方的尊嚴，幫人圓場，擺脫窘境。

3 幫人圓場，不要忽略別人的感受

與人交往時，不免會遇到一些容易讓別人和自己感到難堪的場面，若能適時的說好話、打圓場，將會幫助你改善人際關係。

有個男子到小吃店要了一碗麵，由於麵的鮮味刺激了他的呼吸道，隨著「哈啾」一聲，麵沒有吞進肚裡，卻被這突如其來的噴嚏噴到對面一位顧客的麵碗裡。

那位顧客見此頓時大怒，他「呼」一下站了起來，怒拍桌子，喝道：「沒長眼睛啊，你朝哪兒噴呢？」

男子也愣了，他緩過神來，轉頭就對夥計喊：「我告訴你不要放辣椒的，你幹麼在裡面放辣椒？你瞧瞧，現在可怎麼辦？你要賠我麵錢，我要賠人家的麵錢！」

夥計很委屈，爭辯道：「麵裡沒有放辣椒。」周圍的顧客都看了過來，眼看這三個人就要吵起來了。

老闆見勢不妙，趕緊跑過來，打圓場道：「太抱歉了，是我們服務不周。」說著，又朝廚房喊道：「再下兩碗麵，麵錢免啦。只有大家和氣，才能生財嘛！」面對老闆真誠的笑臉和誠懇的態度，兩位顧客實在不好意思發作，只好接受。

如果老闆這個時候不照顧這兩位顧客的感受，試圖用講道理的手段，讓他們分出是非黑白，只怕這生意就不必做了。相反的，他及時的圓場，照顧了顧客的感受和面子，這件事情才得到了圓滿的解決。

與人相處，要學會說好話、打圓場，幫助別人消除不良情緒。在當事人十分懊惱或不愉快時，有時旁人說幾句得體的話，便能夠消除矛盾，獲得圓滿結局。

清朝名臣張之洞任湖北總督時，適逢新春佳節，撫軍譚繼詢為了討好張之洞，設宴招待他。不料，席間譚繼詢與張之洞因長江的寬度爭論不休。譚繼詢說是五里三，張之洞認為是七里，兩人各持己見，互不相讓。

眼見氣氛緊張，誰也不敢出來相勸。這時位列末座的江夏知縣陳樹屏說：「水漲七里三，水落五里三，兩位大人說的都對。」這句話給兩個人解了圍，他們都拊掌大笑，並賞陳樹屏二十錠紋銀。

作為部屬的陳樹屏，能夠調解主管間的糾紛，可謂智慧，其巧妙且得體的言辭，既解了圍又使雙方都有面子。他的說話方法就充分考慮了聽者的心理。眾所周知，對一件事情的描述，每個人都會有不同的表達方式。對於話語含義的微妙差異，在說話時應該付出的熱誠程度等，都是需要下一番功夫的。

有時交談的重點會在我們輕鬆得體的話語中明顯的表達出來，若我們心平氣和的與人說話，也會給對方留下深刻的印象。成功的打圓場，能讓一方擺脫尷尬，一方轉怨為喜，最終皆大歡喜。當然，要想圓滿的解決矛盾，還需要機智靈活、隨機應變，不僅要說得巧妙，更要說得得體。

若你是一位主管，對於部屬之間的糾紛，有時只要主動的承擔責任，就可以化解雙方的矛盾。

小李和老宋在同一間辦公室工作。有一次，小李去市政府聽報告，老宋不知道，因此對小李很有意見，當面質問小李為什麼不告訴他聽報告的資訊，兩個人因此大吵起來。

彭主任了解他們吵架的原因後，對老宋說：「聽報告沒有通知你，這不是小李的錯，是我沒有要他通知你，因為你們兩個人有一個人去聽報告就行了。你如果有意見就對我提吧，不要責怪小李。」

老宋聽後，覺得自己錯了，於是主動向小李致歉，他們又和好如初。

世上沒有勸不開的架，沒有解不開的結，人生也沒有過不去的坎。有人對打圓場不以為意，甚至心存厭惡，認為打圓場就是耍滑頭、和稀泥，這是錯誤的認知。千萬不要小看打圓場的作用。

打圓場，目的是消除彼此的誤會，締造和諧與平衡的人際關係。這也是有智慧的人希望獲得的結果。

善於打圓場的人，能夠整合周遭環境中迥然不同的事物，不僅能夠調解組織內的紛爭，維持組織的穩定團結，還能夠勸合一個分裂家庭，撫平朋友之間的嫌隙。由此可見，和事佬往往有著搭起人與人之間溝通橋梁的重要作用。因此，打圓場是一門非同一般的藝術。

說話的智慧

做人應該學一些打圓場的技巧，這將會幫助你改善人際關係。因為與人交往時，不可避免的會遇到一些容易讓別人和自己感到難堪的場面，比如指責、批評、拒絕等。這個時候是對一個人為人處世能力的檢驗，凡在類似的場合能夠打圓場者，一般說來，肯定是會為人處世的人。反之，則應該進行一番自我反省。

4 亂入，是非常不禮貌的行為

不要隨意打斷別人交談，尤其是在別人正商議某件非常重要的事時。

周小姐應邀參加一個朋友舉辦的生日酒會，在酒會上她看見一位她很仰慕的專欄作家。她整理好自己的儀容，拿著一杯酒準備過去向專欄作家介紹一下自己。

但是這位作家被一群人包圍著，周小姐根本不可能靠近她。她只能站在不遠處，等待這群人慢慢的散去。過了一段時間，周小姐終於等到機會，此時作家正在和幾個人聊著。

周小姐來到他們中間，忙著向作家介紹自己，打斷了作家和那些朋友的談話，但是周小姐並沒有看見大家不悅的表情，她急著要把自己對作家的仰慕之情表達出來。作家和她的朋友只能聽著周小姐喋喋不休，沒過幾分鐘，這些朋友只得無奈的紛紛走掉，只留下作家和周小姐。

周小姐終於結束對自己的介紹，她以為自己在很短的時間裡就能夠和作家熟識，但是最後，作家只跟她說：「很高興認識妳。」周小姐感到很失望，她覺得作家太傲慢了。

然而，她不知道的是，在別人談話的時候，隨便的打斷人家，介紹自己，是一種很不禮貌的行為。試問，誰會喜歡一個在第一次見面就這樣不禮貌、沒分寸的人？

因此，當別人談話興致正濃時，不要打斷對方美好的感覺。美好的感覺被打斷，肯定會影響人的心情，讓人失去平和的心態，導致尷尬的局面。

在一片綠油油的草地上，老師帶著一群學生圍坐成一圈。一個十五歲的少年站在中央，正在滿懷激情的朗誦詩歌：「讓擁抱陸地的海洋／永遠不失藍色的夢幻吧／就像青春的童話……」。

話音未落，就有幾個學生嚷嚷了起來：「讀錯了，讀錯了，是清純，不是青春……」。

被打斷的少年非常害羞，臉紅彤彤的，只好又返回來重讀，卻沒有了半分激情。剛剛醞釀起來的感情，就宛若一簇脆弱的小火苗，被輕易的打斷撲滅了。

詩歌朗誦完畢，老師站起來點評：「他第一次朗誦得很好，雖然讀錯了一個詞，但我要給他打九十分。第二次朗誦雖然沒有讀錯字，但沒有朗誦詩歌的激情，所以我只打六十分。」

周圍的同學聽了老師的話，一片譁然：「不公平！讀錯字了，怎麼能給這麼高的分數？」

老師說：「大家安靜一下，接下來我要談談你們，在剛才第一次的詩歌朗誦時，你們不應該打斷他！」老師指了指朗誦詩歌的少年。

眾學生疑惑道：「為什麼？他出錯了，就應該幫他指出來啊！」

老師點了點頭，道：「沒錯，你們可以指出和幫他糾正錯誤，但為什麼不能在他讀完之後糾正？你們這樣一打斷，不僅是對他錯誤的指出，還是對他的努力和熱情進行否定，導致他在第二次朗誦時，就沒有了熱情。朗誦詩歌沒有了熱情，又怎麼可能有好的效果呢？」

學生們都陷入了思考。老師接著說：「我們要尊重別人，在別人說話的時候，不要隨意打斷別人。將心比心，如果被打斷的是我們，我們心裡會好受嗎？」

這位老師的教導可說是清楚明白，但是生活中偏偏就有很多人習慣於打斷別人說話，而且他們毫不在意，甚至有不少人根本就沒有意識到這是一種不禮貌的行為。

不要隨意打斷別人，尤其是在別人正商議某件非常重要的事情時，因為你的加入，他們無法集中思想繼續談下去，可能就會導致失敗。

姜先生開了一家貿易公司。這一日，姜先生約了幾位大客戶到辦公室談生意。聊得正開心時，姜先生的一個朋友走了進來。這個朋友平時就大大咧咧，雖然來到了姜先生的公司，但他想這可是自己好朋友的地盤，而且他認為當了老闆的姜先生也沒有什麼變化，依然是可以隨意玩鬧的朋友。

於是，這朋友一進辦公室，就很隨意的打斷了幾個人的談話，插嘴說道：「嗨，今天可真倒楣，我剛進地鐵，就看到兩個人在吵架……」。

姜先生臉色一變，連忙給朋友使了個眼色，但朋友並沒有注意到，依然說得津津有味。姜先生沒有辦法，只好直言告訴朋友：「我們正在談生意。」這時，這位朋友才意識到自己的不當行為，藉口去洗手間，離開了辦公室。

「剛才我們聊到哪了？」幾個人正準備繼續話題，可就在這個時候，那個朋友又敲門走進來。原來他覺得剛才的行為太過失禮，決定回來向人家道歉。他左一句「對不起」，右一句「抱歉」，幾位客戶連忙客套的說：「沒關係」，可一邊的姜先生，臉色卻越來越難看了。

果然，有位客戶起身，對姜先生說：「姜先生，很抱歉，我們不知道你今天約了朋友。我看你朋友的事情似乎很著急，你先和朋友聊吧，我們改天再來拜訪。」說完，幾位客戶都起身走了。而那個朋友仍在為自己的行為抱歉不已，卻不知道此時的姜先生怒火中燒。

如果是你遇到了姜先生這樣的情況，你會歡迎打斷他人講話、胡亂插嘴的人嗎？

說話的智慧

當你看到你的朋友和你不認識的人聊得起勁時，可能也有參與進去的想法。這是可以理解的。但是如果在他人正說著的時候，不顧當事人的感受，不分場合，隨便插話，這不僅擾亂了談話人的思路，還會讓對方心生不快，有時甚至會產生不必要的誤會。

假如你想要加入別人的談話，最好先在旁邊靜靜的聽一會兒，然後找恰當的時機發表你的看法，並且在說話之前，客氣的徵求別人的同意。

5 無關得失，就不要太計較

在無關得失之爭中，讓一步，即便不為討對方的歡心，至少別傷害對方的自尊。

有個人喜歡象棋，自詡棋藝不凡，在一次同學聚會上，他與一個同學對弈。沒想到那位同學一開始就咄咄逼人，他知道對方是一個勁敵，便打起十二分精神進行比賽。可是，無論他如何努力，依然不是那同學的對手。很快，他就輸了一局。同學問：「還來不來？」

他說：「為什麼不來？再來！」這局他又敗了。他不甘心，又下了兩局。結果都是敗局。

同學哈哈大笑：「還來不？」

他向來胸襟開闊，但不知道為什麼，這次卻無法忍受這種刺激，回說：

「再來！」

比賽到後來，他竟然被逼得心神失常，冷汗直下。同學見他焦急的神情，格外高興，故意留一個破綻給他發現。他以為機會來了，立即進攻，期待轉敗為勝。

誰知，同學突然落下一子，哈哈大笑道：「將軍！嘖嘖，你不是說自己下棋還行嗎？這也叫行啊？我看水準也就一般吧！」

他再也受不了了，當即站起身來，轉身離開。而那位朋友始終沒有意識到自己存在的問題，反而轉身對別人說：「下棋而已，何必嘛，他這個人啊，就是輸不起。」

後來，他從別人口中得知同學說的那句話，心中更是惱恨。兩人就此形同陌路。

生活裡有些人喜歡贏，愛較真，結果給人的感覺很不好。比如下棋，有的人會一口氣贏對方十幾局，在對方已經抬不起頭、漲紅臉時，還一個勁兒的喊：「將軍」。其實，作為一種娛樂活動，也不是正式比賽，對輸贏本不用那麼較真。不然它本身的娛樂性就不存在了，剩下的只是火藥味。

不要說別人心眼小，也不要說別人輸不起。事實上，這個世界上輸得起的人真不太多，甚至可以說根本沒有。人們可以淡定的面對自己的敗局，但是沒有幾個人能夠淡定的面對一次又一次的敗局。

失敗一次，你認了；失敗兩次，你忍了；失敗三、四次，你還可以安慰自己：「沒關係，失敗乃成功之母，我再接再厲，一定會贏的。」但是接二連三失敗，你就會指著頭頂的天空大罵：「為什麼受傷的總是我！」

如果你總是贏，而把輸扔給你的朋友，那麼場面一定會越來越尷尬。不要說別人的胸懷不夠寬廣，事實上你的氣量也不大。如果夠大，你好歹也讓別人贏一局，可是你沒有。於是，尷尬了。所以，記得一個道理：在無關得失之爭中，讓一步，即便不為討對方的歡心，至少別傷害對方的自尊。

宋太宗很喜歡下圍棋，棋藝水準也不錯，他經常與宮裡的待詔們下棋。宮裡有一個叫賈玄的待詔，是一個圍棋奇才。在沒有入宮之前，賈玄每弈必勝。不過，進宮之後，他就很少勝了。

賈玄深知，在宮裡的那些有權有勢的人專橫跋扈慣了，都有極強的好勝心，即便是弈棋，如果輸得沒了面子，也會惱羞成怒。因此，他很少去贏別人，尤其是和皇帝弈棋時，每次都輸。

賈玄把握得很好，既不贏宋太宗，也不讓宋太宗贏得太多。這讓宋太宗很高興。但是，時間久了，宋太宗產生了懷疑，他對賈玄說：「我聽人說你的棋藝天下第一，為什麼你會盤盤輸給我？」

賈玄回說：「陛下棋藝高超，取勝不足以為奇。愚臣全力以赴，爭取不再輸棋。」

結果，兩人再下一盤，賈玄沒有輸棋，卻是一局和棋。宋太宗有些哭笑不得，但又毫無辦法，便故意生氣的對賈玄說：「再下一盤，如果你贏了，我重重賞你，但如果你輸了，我把你投到護城河中去。」賈玄點頭稱是。

可是棋下完，一數子，竟又是一盤和棋。宋太宗啞然失笑，道：「高手不愧為高手！竟然可以做到這樣。」

賈玄總是輸棋，表面上看，有拍馬屁之嫌，但是實際上高手的傲氣卻在委婉中顯露了出來——他想和棋就可以和棋。能夠掌控棋局到如此地步的人，又豈能不令人佩服？即便皇帝也只有嘆服而已。

說話的智慧

對於一些無關緊要的意氣之爭，應該抱以寬容之心，以退讓為要。就比如在那些娛樂性質的比賽上，根本不必太較真，即使對方技術比不過你，你也得讓對方獲得勝利，這樣做可以避免尷尬。但也不能明顯的讓步，那樣會讓對方覺得你是看不起他。若能恰到好處的讓步，既能讓人感受到尊重，也能領會到你的高明，還能避免尷尬的場面，可真是一舉數得，豈不美哉？

6 聊天梗在哪？天氣、新聞都是

聽眾最有興趣的就是對自己有用的情報。舉凡有關新技術、與賺錢有關的內容、技術指導、人生警示之類的話題都是。

很多人都不知道該如何開口說服，尤其是當談話的對象是陌生人，或是不怎麼熟悉，甚至是沉默寡言的人時，談話就很容易陷入冷場，氣氛也可能變僵。

例如，當你想去要求某人辦事時，如果一下子就單刀直入的說：「請問○○在嗎？我要他幫我去做件事。」這樣不但會顯得生硬，而且可能會使對方產生心理上的距離，對方就不一定會如你所願，幫你辦事。

最好的方法是在聊天氣、當天的新聞、個人興趣愛好之類的話題之後再切入主題。例如，在參加宴會時，幾個不認識的人坐在一起，氣氛難免會有點尷尬，如果有人能主動打開話匣子，不僅能讓氣氛活躍，還能讓宴會有趣許多，而且，能拉近彼此之間的距離，說不定還能談成一筆生意。

可以用來打開交談之門的話題可以說是數不勝數。天氣永遠是打開交談之門不可或缺和絕對安全的話題，尤其是在你對交談對象毫不了解的情況下，如「這段時間為什麼老是下雨」、「天氣總是這樣熱，真讓人受不了」等。

小孩和動物也是很好的素材，因為絕大多數人都是喜歡小孩和動物的。一旦你得知你面前的這個人有小孩或者養了寵物，你便可以用小孩或寵物的話題跟他極為輕鬆愉快的交談起來。此外，一些傳統話題也可以派上用場，比如，「你哪裡人？」、「你貴姓？」這類問話基本上不會讓人覺得失禮。

當然，最好的打開話題的方法還是談論對方熟悉的東西，因此需要事先了解對方的職業、地位、人品，並在某種程度上做一下調查，如此即使是初次見面，也能夠配合對方的話題發揮。

如果你有機會到某人的家中或辦公室，很多人會在桌子上擺放照片，照片上顯示的背景便為我們提供了打開話匣子的素材，我們可以詢問主人外出旅行的經歷。對於牆上的掛畫，我們可以向主人表示對這些畫的興趣。

和對方聊一些私事，是和陌生人拉近距離的一個很好的方法。因為每個人在告訴別人關於自己的事時，就等於在向對方敞開心扉。例如：「我喜歡去釣魚，你有什麼愛好呢？」像這樣率先向對方「表白」自己的情況，對方也會樂於談自己的情況。如果對自己的事一概不談，只一味的刺探對方，「你家住哪裡？假日都做些什麼？有幾個小孩？」這會讓人感覺像在被員警審訊一樣，進而對你產生排斥心理，自然懶得和你說話，當然也就無法繼續談話。

如果談話雙方擁有共同的興趣，話題就可以在這種興趣上展開。例如，如果知道對方對釣魚也有興趣，則不妨向對方請教：「你經常去哪裡釣魚？」、「哪種魚餌是最有效的？」

人們在談到自己的經驗時，一定會滿面春風。因此，對於這類問題，對方一般會很樂意告訴你，你也可以趁機與對方「套近乎」，拉近彼此之間的距離，為接下來的說服工作做鋪墊。在選擇話題時還要注意以下兩點：

1 話題內容要有可信度。

如果將電視、報紙上的情報「挪為私用」，應該正確的記住日期、場所、名稱、數量、前後關係等要素，以便增加內容的可靠性。如果是道聽塗說的內容，一定要親自翻閱當時的報紙來驗證，絕對不可口說無憑。

2 話題內容要有益。

聽眾最有興趣的就是「對自己有用的情報」。舉凡有關新技術、新技法、新產品的說明，與賺錢有關的內容，特別的經驗、技術指導、人生警示之類的話題都屬於這類「有益的情報」。

說話的智慧

在談話過程中，遇到冷場的情況，若不能主動尋找話題，則很容易造成尷尬的場面。特別是不太熟悉的男女待在一起時，若沒有人主動攀談，尋找話題，冷場的機率會非常大。聰明的談話者，會率先拋出話題，打破僵局，化解尷尬。

事實上，主動的沒話找話說，會使人感受到你的熱情。而且，在某種程度上，沒話找話說，更是一種有禮貌的表現。畢竟，冷落他人是很失禮的行為。

7 失意人面前，不說得意事

別人向你訴說自己的失意之事，只是想從你口中得到安慰。所以講一點自己的失意之事，讓他從你的身上看到自己還有「得意」的機會。

有一次，老梁約了幾個朋友來家裡吃飯，這些朋友彼此間都很熟悉。老梁把他們聚在一起主要是想借著熱鬧的氣氛，讓心情不佳的老洪放鬆一下。因為經營不善，在不久之前，老洪的公司破產了，他的妻子也因為不堪生活的重壓，正與他鬧離婚。內外交困之下，他感到很難受。

大家都知道老洪目前的遭遇，因此都不約而同的避免談及與事業有關的話題。可是愛喝酒的老蕭沒能管住自己，幾杯酒下肚，就開始大談自己的風光。

因為老蕭那陣子正好賺了不少錢，於是他就顯擺起自己賺錢的本領，並不斷的對老洪說：「老洪，虧那點錢算什麼呢？跟我混，不用半年，保證全賺回來。」老蕭一邊說話，一邊拍著胸脯，那得意的神情，別說失意的老洪看了不舒服，其他的人也看不下去。

結果鬧得大夥兒都很尷尬，話題明顯越來越少，只聽老蕭高談闊論。老洪更是低頭不語，臉色非常難看，一會兒說去上廁所，一會兒說去打電話。後來大家都早早散了，老梁送老洪出門，在門口，老洪忍不住憤憤的說：「賺錢多很了不起嗎？這麼得意幹什麼？」

在失意之人面前說自己的得意，這是不懂人心的做法。有些人就是不懂禮節，好像就怕別人和自己的關係太好，拚命的用自己的得意去襯托別人的失意。

老蕭或許真的有心幫助老洪走出困境，但是我們必須清楚一點：人們做事能否成功，往往並不取決於動機是否正確，而是取決於方法是否恰到好處。

比如別人事業失敗，跟你訴苦。與其以成功者的姿態來指導，不如告訴他，你當年跌得比他更慘，是一點一點又做起來的。於是他明白了「失敗是成功之母」，便鼓足幹勁，以圖東山再起，相信他日一定會如你一樣成功。

當然，你所說的可能不一定真實。但你必須知道，他人向你訴說自己的失意之事，只是想從你口中得到一番安慰。所以你講一點自己的「失意之事」，讓他們從你的身上看到自己還有「得意」的機會，就算說一些善意的謊言又何妨呢？

然而老蕭當時完全沒有顧及這些，他的張揚和得意，讓老洪更加不好受。這到底是幫人，還是損人呢？我們不妨捫心自問，自己失意之時，若他人在我們面前大談他的得意之事，我們的感受會怎樣呢？

當你有了得意之事，不管是升了官，發了財，還是一切都覺得順利時，都不應該在失意人面前高談闊論，要體諒他們的心情。處於失意之中的人，對一切都很敏感，即使你是無心之語，也有可能會傷害了對方的自尊。總結來說，我們在敘說的時候，要注意面前對象的心情。

假如你和得意的人談失意的事，對方可能會應付你，很少會表示真實同情，甚至對方還有可能會誤會，以為你是要請他幫忙，這樣一來，他很可能就會預先帶著防備心與你交流，而無法長談。假如你和失意的人談得意的事，這是不懂人心、不知趣的做法，對方會覺得你簡直是在挖苦他、譏諷他，他對你的印象就會變差。

因此，如果你要訴苦，不妨找處境相似的人，同病才會相憐，同是天涯淪落人，彼此理解，這樣才能得到精神上的安慰。同樣的，如果你人生得意，則要找同樣得意的朋友，一起出去慶賀。這樣彼此才能玩得痛快自在，而不必擔心出現話不投機的尷尬。有得意的事情應該和得意之人去談，這樣才志同道合。千萬不要找失意之人訴說和分享你的得意。

說話的智慧

你事業有成，當然是值得慶賀的事，但這種慶賀要適可而止，尤其不要在失意之人面前炫耀，以免造成尷尬的局面。因為你的張揚，會引起失意之人的心理失衡；你的得意，會激起失意之人的怨恨。故而面對失意的朋友，要更加低調一些，這樣才能融入朋友圈子中，不至於讓朋友們難受。

8 臉跟名字總是記不起來，怎麼救？

在與陌生人第一次見面時，要牢記他的名字。別人告訴你他的姓名，你可以重複一遍，或者一個字一個字的問對方。

經理辦公室的門打開了，秦經理從裡面探出身來，指著小陳道：「那個誰……」小陳一指自己，連忙點頭道：「小陳。」秦經理點點頭道：「噢，對，小陳，你來一下，把這裡的文件搬到呂組長的辦公室裡去。」小陳很快就將文件送過去了。

不一會兒，秦經理又喊：「那個誰……」小陳說：「小陳。」「哦，對，小陳，你幫我找張主管要兩份空白的客戶合約。」小陳點頭答應，把空白的合約送到了秦經理的辦公室裡。

小陳正要離開，正埋首辦公的秦經理抬頭看到小陳，叫道：「那個誰，你先別……」小陳打斷道：「秦經理，我是小陳，而不是『那個誰』。」

秦經理一愣，有些尷尬道：「對不起，這會兒太忙了，一時之間忘記了你的名字。實在很抱歉，小陳是吧？下次我一定會記住的。」

一直以來，人們都認為名字是代號，但是，若你的名字被人忘記，而總是被人稱為「那個誰」，你的心情會是怎樣？想必肯定不會太好吧。所以千萬不要在稱呼上隨便亂來，尤其是不要忘記別人的名字。

但是，我們的記憶力不見得總是那麼好，總有忘記別人名字時，那麼，這時該怎麼辦呢？榮先生就遇到過這樣的尷尬，更糟糕的是，他對此束手無策。

那年秋天，榮先生到一個老鄉家拜訪，女主人指著旁邊一個年輕姑娘問他：「你還記得她是誰嗎？」榮先生望著面前這個文靜而秀氣的姑娘，頭腦一片空白，他對她毫無印象，一時愣在那裡不知說什麼好。

女主人在一邊說：「別著急，再想想。」那位姑娘也期待的望著他。在這種情況下，如果榮先生說不記得她了，對她算是一個沉重的打擊。榮先生拚命想，可記憶仍是一片空白，他無奈，只好搖搖頭：「不記得了。」當時，他很明顯的感覺到那位姑娘的失落和難堪。

這個時候，女主人提醒他說：「香山、春遊……」於是，榮先生的記憶閘門突然打開。

那年春天，榮先生參加了一個活動，這位姑娘也參加了，而且從香山回來時，他們一路上還說了不少話。怎麼就忘得這麼快呢？

其實也不全怪榮先生，她現在的模樣與春天時相比有了很大的變化，髮型、穿衣的風格都大變，顯得好看多了。春天時那位姑娘給榮先生留下的印象是平淡，所以過後很快就淡忘了。他想起這事後，更不知道說什麼好，當時場面極為尷尬。過後想起，榮先生就埋怨自己：當時怎麼這麼笨呢？

其實，當時榮先生完全可以透過一些巧妙的表達來救場。比如可以不提對方的名字，照常跟人敘舊，說：「看著很面熟，以前肯定見過，讓我想一想……哎呀，原來是妳呀！真對不起，沒能馬上想起來。不過妳不能怨我，因為幾個月的時間，妳的變化竟這麼大。真的，妳比那時又漂亮了許多！」

這不算虛偽，也不是敷衍人家。這樣做可以維持良好的氛圍，也不會破壞對方的好心情。如果榮先生這樣一說，多半能補救剛才忘記名字的失誤。可是很可惜，或許是因為榮先生那時還比較年輕，在異性面前總是緊張，沒能夠掌握說客套話的本事，結果讓場面變得尷尬起來。

在生活中，忘記別人的名字，並不是什麼奇怪的事情，很多人都遇到過這樣的尷尬場面。這個時候，你要學會用客套話救場，化解尷尬。

以對方的髮型、服飾發生變化為理由，誇讚對方一番。這是一個在想不起對方姓名時為自己化解尷尬的好方法，也會有效的緩和對方不愉快的心情。

在記不起對方的姓名時，也可以直接問對方。不過問的方式最好靈活一些。可以說：「你看，在這個世界上沒幾個人讓我有興趣再問一次名字，但你是為數不多的幾個之一。請問你尊姓大名？」

待對方告知姓名以後，還可以再說幾句：「哦，我就說嘛，明明在腦子裡，就是說不出來，就怕一說，把你的名字說錯了，那就太失禮了。」接下去就可說一些上次見面的細節，以引起雙方愉快的回憶。

如果不好意思直接問對方姓名，還可以採用別的方法。比如，你可以說：

「你有名片嗎？」當對方說「沒有」時，你就可以將通訊錄遞給對方：「我們以後多聯繫吧，請將你的地址寫一下好嗎？」這時對方就會把姓名也一併寫下來。

當然，這些措施都屬於補救方法，如果可以的話，你最好在與陌生人第一次見面時，就牢記他的名字。別人告訴你他的姓名，你可以重複一遍，或者一個字一個字的問一下對方，這樣就比較容易記住對方名字了。

說話的智慧

在與人交往時，重視對方姓名，對方會高興。在社交場合中，陌生人之間初次見面，會互通姓名，客套寒暄，氣氛容易拘謹、僵硬。這時運用一些幽默語言，可使氣氛活躍起來，雙方很快就變得輕鬆自如了。

第九章

明明是拒絕，卻能使人很溫暖

1 拒絕的話也需要穿上衣服

先同意再表達遺憾、敷衍式回答、答非所問、引用名言來拒絕、使用商量的語氣等，都是拒絕的好技巧。

在現實生活中，總會遇到需要拒絕別人的時候，這本不是什麼奇怪的事，但是若不懂使用恰當的拒絕方式，則可能帶來不好的後果。

老張是一家公司的中階幹部，最近公司讓他負責一項權責外的工作。由於是第一次接觸這樣的工作，所以不明白的地方有很多，導致工作進度十分緩慢。偏偏這時，主管又委派他去外地參加一個業務研討會。

老張心裡本來已經夠煩躁了，這下更激發了他的抵觸情緒，於是他不自覺的用比較激烈的口吻拒絕說：「不行，你找別人吧！這麼多理不清的事情，已經夠我焦頭爛額的，現在根本就沒時間參加什麼研討會！」

聽到部屬這樣跟自己說話，主管的心情很不好，怒道：「好吧，那以後就不麻煩你了！」

老張已經被諸多雜亂的事情影響了情緒，失去了對自己的把控，結果直接拒絕他人，在不經意間傷害了別人。其實老張可以採取較溫和的口吻，委婉表達拒絕之意。事實上他的拒絕理由很充分，然而，他太直接了，完全沒有注意語氣的問題，結果讓主管很不滿意。

直截了當的說「不」，很容易使對方尷尬、難堪、沒面子，這樣會影響雙方的關係。其實，拒絕可以委婉表達。如「我認為你這種說法不對」與「我不認為你這種說法是對的」，「你覺得這樣不好」與「我覺得這樣好」，仔細比較，不難發現，儘管意思是一樣的，但在拒絕別人時，顯然是後者更為委婉，較易為人所接受，不像前者那樣咄咄逼人。

當主管對你說：「請你今天把這些工作做完，沒問題吧？」望著那成堆文件，你搖頭說：「這麼多，我怎麼可能當天做完。」若這樣回，就太不合格了。

文件堆積如山，就算實在完成不了，若你說：「今天無論如何也做不完。」那麼主管頭腦中的想法往往是：什麼？連這點兒小事也辦不好？要我做給你看嗎？這樣一來，場面就不太好看了。

該怎麼說呢？應說：「我盡量做看看」，這樣的回答，情形便會有所不同。因為你只是「盡量」而不是「保證」，實際你還沒有做過，也沒有理由給出肯定答覆，你可以設法去做，到下班時還做不完，便可說：「還沒做完」。

這個時候，主管看到，也不會太在意，因為你已經維護了主管的自尊心，你所得到的無非是兩種回答：「確實太多了，明天再做吧。」、「我叫小李來幫你。」這樣便避免了上下級之間的矛盾。

委婉的話用於拒絕中，可以很好的化解尷尬。可惜的是，生活中有不少人不擅用委婉的話來表達拒絕，結果經常造成一些不必要的麻煩。以下是幾種委婉拒絕的技巧，以供學習和借鑑：

1 先同意再表達遺憾。

聽起來似乎有點自相矛盾，其實一點都不矛盾。這樣做的好處在於，你可以很快消除拒絕的尷尬。有人邀請你週休假日去郊遊，而你已另有安排，怎樣委婉拒絕他呢？你可以說：「郊遊？太棒了！我早就想和你一起去郊遊，可是……」由於你對沒有答應他的要求表示了遺憾，他雖然被拒絕，但還是會理解你的。

2 敷衍式回答。

把矛盾引向別的地方，告訴對方我不是不幫你，而是我幫不了。例如，有人托你辦事，你不好當面拒絕，便可以說：「我們部門是集體領導，我不是唯一的負責人。你的事需要大家討論才能決定，不過，這件事恐怕很難通過，最好別抱什麼希望。如果你堅持的話，待大家討論後再說，我個人說了不算。」對方聽到這樣的話，通常就會無奈的說：「那好吧，既然這樣，我也不難為你了。」

3 答非所問。

對方說：「這件事你能不能幫忙？」你可以說：「我一會兒要去參加一個重要的會議。」這種答非所問的話，要比你直接說「不行」好得多。對方會從你的話語中感受到，他沒辦法得到你的幫助，只好採取別的辦法。

4 引用名言來拒絕。

寫文章時引用名言可為文章增添光彩，其實拒絕時，也可以用一些名言。除了能增加說話的權威性與可信度，也省去許多解釋和說明，同時還富有感染力。

5 使用商量的語氣。

在拒絕時，為了讓自己的話聽起來委婉，你可以採用商量的語氣。比如，有人邀請你參加某活動，而你有事纏身無法接受邀請，你可以這樣說：「太對不起了，我今天的確太忙了，下個星期天行嗎？」這句話要比直接拒絕別人好得多。

★說話的智慧

言語是需要包裝的，否則不雅觀，會傷人，就像我們不能裸體出門，需要穿好衣服一樣。拒絕的話也需要「穿衣服」，這「衣服」就是委婉。直接的拒絕，往往會變成莽撞，造成不必要的麻煩，影響彼此之間的關係。

2 不知道怎麼說，那就不要說

當我們想要表達自己的拒絕而又不知道如何做時，不妨用沉默來代替言語。但若侵犯我們的權益，如性騷擾、冷暴力、無端欺壓時則應堅決的抵抗。

某公司有一個女孩，平日裡只是默默工作，話並不多，和人聊天時總是面帶微笑。有一年，公司來了一個好鬥的女孩，很多同事在她主動發起的攻擊之下，不是辭職就是請調。最後，矛頭終於指向了這個默默微笑的女孩。

某日，那個好鬥女孩抓到了沉默女孩的把柄，立刻就開火了，對著她一頓斥罵，但那位女孩只是微笑著，一句話也沒說，只偶然問一句：「啊？」最後，好鬥的女孩小臉漲得通紅，一句話也說不出來了，只好鳴金收兵。不久之後，好鬥的女孩自請他調了。

看完這個故事，你一定會說，那個沉默的女孩的修養實在是太好了。其實不是這樣的，那位女孩只是因為聽力不大好，理解別人的話總是要慢半拍，而當她聆聽別人的話語並思索話語的意思時，臉上又會出現「無辜」、「茫然」的表情。結果，好鬥女孩所有的攻擊都好像打在棉花上，沒有絲毫效果。

現實生活中，大部分人一聽到不順耳的話就會回嘴，其實一回嘴就中了對方的計。這個時候，拒絕他人的攻擊，最好的辦法就是不回嘴，沉默以對，對方自然就覺得無趣了。如果他還一再挑釁，只會凸顯他的好鬥與無理取鬧罷了。

沉默是有效的拒絕方式。我們常會看到這樣的新聞：某位明星談戀愛被曝光，一時之間，風波四起，大小媒體紛紛想方設法前去挖掘事情的內幕。面對媒體的瘋狂追問，當事人卻泰然自若、三緘其口，經紀公司也保持沉默，對此表示一無所知。於是一段時間之後，這件原本沸沸揚揚的娛樂事件便無人問津了。

在政經新聞當中，也有類似的場景。外交官、企業代表發言人們遇到他們不想回答或不願回答的問題時，會用一句「無可奉告」來搪塞過去。這種外交辭令，其實與明星的三緘其口，表達了差不多的意思，就是拒絕回答。這種沉默拒絕的方法，也值得我們借鑑。

當然，那種外交辭令太正式，我們沒有必要生硬照搬，可以變換一下用語，換成「事實會告訴你的」、「這個嘛」之類的話。這種說法可能比一味的閉口不言，效果更好。

★說話的智慧

沉默是最好的拒絕。當我們想要表達自己的拒絕而又不知道如何做時，不妨用沉默來代替言語，這樣往往能收到「無聲勝有聲」的效果。但是，當別人對我們提出某些不合理的要求時，如果我們依舊沉默以對，就會助長對方的氣焰。

比如，有人侵犯我們的正當權益，如遭遇性騷擾、冷暴力、無端欺壓等，我們當然不能沉默以對，因為沉默在這時候屬於一種無效拒絕，正確的做法應該是強烈的表達不滿，並且採取自我保護的手段，進行堅決的抵抗。

3 對於這件事，我有一個建議……

先表達誠懇，再提出自己的建議，盡量為對方出謀劃策，然後表達自己的難處，把拒絕的話放在最後。

年關將至，財務主管江先生帶著手下六名員工，正為年底財務報表、查帳、對外借款的事情而忙碌，卻沒想到中午吃飯時，市場部的主管老劉竟然忙中添亂，一臉苦相的向他求援：「小江啊，能不能幫我一個忙？最近公司要參加一個促銷活動，我底下的全部人馬現在都是一個當十個用，老總給的活動經費又不寬裕，無法到外面僱人，所以能不能從你們部門借兩個人給我用兩天？我知道現在每個部門都很忙，我也是實在沒辦法，才來拜託你。」

江先生與老劉私交不錯，老劉在以往的工作中對江先生的幫助也不少。所以無論從部門之間團結互助的角度，還是從個人交情的角度來看，只要能夠騰出人手，江先生就不能不幫老劉這個忙。

但是，財務部本身的工作尚且需要整個部門加班處理，而他這個部門主管如果在這個時候，再將人手借到其他部門，肯定會引起部屬不滿。最要緊的是，自己部門的工作不能如期完成的話，到老總那裡也不好交差。

思前想後，江先生覺得還是坦誠相告為好：「你的難處我知道，現在大家都挺忙的。你剛才提到外聘人手的事，倒讓我想到一個主意，你能拿出多少錢來外聘人手？」

老劉沉吟片刻說：「最多能拿出三千兩百元，活動辦四天，至少得僱五個人，這樣算下來每個人一天只能拿到一百六十元，根本沒人願意來呀。」

江先生說：「也不一定，現在正值大學生放假，我朋友是大學老師，看能不能請她在學校裡招幾個大學生來。這樣費用可以低一些，而且對大學生來說，這也是一個不錯的實習機會，他們肯定也樂意來。你覺得呢？」

接著，江先生才說出自己部門的狀況：「不瞞你說，也不是我跟你訴苦，我們部門現在的情況你也都看到了，大家都忙得跟什麼似的，實在是騰不出人手來。再說，就算是能抽出一、兩個人，那也是杯水車薪，平白耽誤了工作。不妨考慮一下我的建議，可行的話，我這就打電話幫你聯絡。」

老劉聽江先生說得誠懇，提的建議也不錯，雖然沒有立馬解決問題，但還是對江先生充滿了感激。

在上述案例中，江先生的應對方式是很值得我們學習的。因為他採用了一種巧妙的方式，避開了拒絕幫忙的尷尬。

首先，江先生了解到老劉的難處後，最先說的話是「你的難處我知道」。話一出口，就讓人心裡一暖。不管能不能幫上忙，至少在老劉的心裡，江先生是一個貼心的人，如果幫不了忙，肯定不是因為他不想幫，而一定是有他的難處。

其次，真心實意的為對方著想的態度。江先生很清楚，就算自己一口回絕老劉的請求，對方也能理解，自己確實是因為客觀條件所限，愛莫能助。但是出於工作考慮和私人的交情，江先生沒有這樣做，而是真誠、積極、盡心盡力的為對方出謀劃策，這會讓老劉覺得，江先生不僅是好同事，還是關心朋友的知己。

最後，把拒絕的話放在最後說。真心替他人著想的人，即便是自己真的有很大難處，也很少一開口就拒絕別人的請求。而往往是先以對方的實際問題為首要關注點。即使不能像江先生一樣，替他人謀劃出切實可行的解決辦法，但是詳細的了解一下對方的情況，適當的表示一下關心也是好的。

而在了解到對方的情況之後，再有針對性的讓對方明白自己不能幫忙的原因，不但會使拒絕的語氣有所緩和，還更容易得到對方的諒解，收到事半功倍的效果。總之，在現實工作中遇到類似的情況時，我們應量力而為，若無法直接幫忙，則可以提供相關的建議，讓對方另想辦法。

說話的智慧

對那些心急火燎、急於找到解決方案的人來說，他們往往只看到其中一條道路。假如對方走的是「向我們求助」這條路，而我們又覺得這條路實在行不通，那麼不妨向對方提供另一條可行的道路。

比如，「對於這件事，我恐怕無能為力。不過我有一個建議，……」我們提出的建議如果對方能夠接受，那麼自然是皆大歡喜；如果對方不肯接受，那麼我們無法幫忙也在情理之中了。這樣拒絕起來就有理有據、順理成章了。

4 趁他還沒說出口，轉移話題

若你不想聽別人說的話，又不好直接拒絕對方，最好的辦法就是堵住對方的嘴，不斷轉移話題，打斷對方。

葉小姐是辦公室裡唯一的女孩，性格活潑，人也聰明。周圍的男同事們都喜歡圍著她聊天，一來二去混熟了，葉小姐發現其中有個男同事特別喜歡在她面前講一些粗鄙之事。

一開始，葉小姐善意的提醒過他，沒想到這男同事並不當一回事。葉小姐覺得為這樣一件事情和對方撕破臉不值得，畢竟在同一家公司裡，低頭不見抬頭見，鬧得太大，反而讓其他的同事看笑話。

當那個男同事再次講的時候，葉小姐就立刻打斷：「嗨，老陳，別光顧著說閒話，你剛打的資料存了沒有？你的電腦老是會當機啊，可別怪我沒提醒你。」、「老陳，主任要的那個文件你擬好了沒有？可別怪我沒提醒你，耽誤了可是會挨罵的。」、「老陳，那個財務報表啥時能整理完啊，林姐那邊等著急用呢……」。

幾次下來之後，那男同事就改掉了自己的壞習慣。於是，慢慢的，大家的耳根不知不覺清靜了下來。

若你不想聽別人說的話，又不好直接拒絕對方，最好的辦法就是堵住對方的嘴，不斷轉移話題，打斷對方。這樣的做法看起來似乎不太禮貌，其實一點問題都沒有，因為是對方不禮貌在先。

堵住對方的嘴，讓他的話說不出口，這樣可以很好的避免直接拒絕所導致的尷尬狀況。採取這種策略，對方不會覺得你不禮貌，因為他心中所思考的問題，已經不是你的禮貌，而是你的態度。

從你的行動中，他可以比較明確的了解到你不願接受的態度。機智的人看到你這樣做，會很快明白過來。對於那些不能馬上明白的，你無法挑明，就可以不停的打斷他的話。這樣三五次下去，他自然就會懂。

由此可見，岔開話題，實際上是一種很好的拒絕方法。如果有一個香水推銷員要說服你，你可以捕捉他話裡的語句，然後自然而然的加入推銷員的話題中：「說到晚上就寢時的事情，瑪麗蓮．夢露是噴什麼香水睡覺的？」推銷員笑著說：「那是香奈兒五號，這是一款非常著名的香水。」

接著你就開始引導式溝通，將話題從「香水」上轉移開來：「那一定是很好的香水了。甘迺迪先生想必就是拜倒於這種香水的魅力之下吧。」「啊？你忘了？美國前總統甘迺迪和夢露不是有很深的交情嗎？」

這樣話題一下就從「香水」轉到「甘迺迪」了，接著美國前總統福特也出場了：「同樣是總統，甘迺迪總統喜歡芳香，福特先生則很愛乾淨，你認為呢？」這樣，就從關於香水的話題，在不知不覺中轉移到了對政治人物的評論上了。

每一個話題的跳躍非常順暢，不會給人以違和感，都是各自不同的聯想，毫不突兀。當話題連續跳轉兩三次之後，結果會變成完全不同的話題。像這樣，最初的話題和最後的話題相差越大，對方就越無法繼續他的說服了。

當然，說服的一方，也不會那麼容易被我們引導，他一定會像一隻垂死掙扎的狐狸，不斷的用「不過」或「話雖這麼說」之類的語句，努力把話題拉回到原先的正題上去。這時你可以不加理會，繼續你的話題，以分散對方的注意力，這樣對方就要專心思考在何時把話題拉回去，而沒有餘力說服你了。

任何對話都受時間限制，在天馬行空的話題變化中，時間很快就會耗完，那麼到時候你根本就不必說一句「不」，也可達到「不」的效果，最後再來一句：「哎呀，時間已經到了嗎？真可惜，我們下次再聊吧。」隨後揮手告別。

★說話的智慧

打斷他人說話時，一定要講究時機和技巧。適當的把自己的話插入到「正題」之中，不僅不會令說話者陷入難堪的境地，還能激發對方的談話興致，從而有助於交談的進行。由於面對的情況與場合不同，插話時也必須使用不同的方法。

5 裝糊塗，一點都不糊塗

「難得糊塗」是處理人與人之間關係的妙方，尤其是職場中上下級之間的關係。

明代清官海瑞在浙江淳安當知縣時，遇到一件麻煩事情。那天，海瑞正在縣衙處理公事，部屬突然來通報：驛站有人鬧事。海瑞一聽，連忙帶人趕往驛站。遠遠的，見驛站門前的樹上倒吊著一個人，走近一看，正是驛站的官吏！

海瑞心中頓時心頭火起。再看那鬧事的主，身穿鮮衣華服，顯然是一介公子。在公子的旁邊，擺滿了他帶來的大小幾十個箱子，上面都貼著總督衙門封條。一看這情景，海瑞心下了然。這幾天，他聽說總督胡宗憲的家眷要路過淳安，想來這一撥人馬就是了。

他突然有了主意，表面卻不動聲色，叫人把箱子打開，只見裡面裝著幾千兩銀子。海瑞轉身對那位公子說道：「你是什麼人，為什麼會有這麼多銀兩？」

那公子眼也不眨一下，說：「總督是我父親！」

海瑞頓時臉色一變，大聲喝道：「你這個混帳的東西，真是可惡，竟敢假冒總督家裡人，敗壞總督名聲！上次總督出來巡查時，再三布告，叫地方上不要鋪張，不要浪費。你們看這傢伙帶著這麼多銀子，怎麼會是胡總督的兒子，一定是假冒的，嚴辦！」

於是，海瑞把胡公子帶的幾千兩銀子都充公交給了國庫。同時寫了一封信給胡總督，聲稱有人招搖撞騙，敗壞胡總督的名聲，現連人帶行李一併送交胡宗憲。胡宗憲看了，自知理屈，怕海瑞把事情鬧大，只好打落牙齒自己吞，不敢聲張此事。

當你想要拒絕接受一些事情，沒有特別好的理由時，可以故作不知，就像海瑞一樣。海瑞知道，作為事件的處理者，若是接受「鬧事之人是頂頭上司的家人」這一事實，將直接面對頂頭上司的壓力。這樣的話，他若想按照律令法辦鬧事之人的話，很有可能遭到干涉。

此時，膽大心細的海瑞裝糊塗，不僅直接法辦了鬧事之人，還寫信給胡總督，表面上似乎還挺給頂頭上司面子，而實際上表達了自己向權勢說「不」的勇氣。其中的含蓄之妙，可謂柔中帶剛，剛中有柔。

在生活中，我們若能把握時機，採取裝糊塗的方式，靈活的拒絕一些不必要的干擾和麻煩，不僅可以避免尷尬，還能夠表達我們的堅持。

美工部的主任為人處事不錯，唯有一樣讓部屬藍小姐覺得鬱悶的，就是這個主任特別喜歡講一些粗鄙之事。說完之後，他還會逮住一個部屬問一句：「你說是不是啊？」

初到美工部時，藍小姐只能臉紅耳赤的聽著，直到主任說得盡興而去。後來，藍小姐發現，主任之所以每次都要問「你說是不是啊」，是因為他有點心虛，想借這句話拉著別人買他的帳，為自己找個臺階下。藍小姐決定用這個「臺階」給主任點顏色看看。

這一天，主任又開始講了，藍小姐提前準備好耳機，一邊聽音樂，一邊敲鍵盤。

主任講完了，見藍小姐沒有什麼反應，就刻意跑到她面前問：「妳說是不是啊，小藍？」

「啊？對不起，主任，你剛才說什麼了？我剛才沒有認真聽！」藍小姐摘下耳機，一臉惶惑的說道。

主任連忙擺了擺手，笑著說道：「沒事，沒事，開個玩笑。」

藍小姐若是直接對主任說「不是」，主任的臉色肯定不會好。她採用了裝糊塗的方法，她不說「沒聽見」，也不說「討厭」，她說「沒有認真聽」，什麼意思？潛臺詞大概是，你一個主任，作為主管，說這樣不體面的話，不尊重部屬，部屬又怎麼會認真聽呢？

如此看似「糊塗」的一句話，就好像軟刀子，一下子就扎進了主任的心裡。主任明白，再說這樣的話，很容易讓部屬看不起，因此收斂了許多。

裝糊塗，是一個很好的拒絕辦法，但在具體的運用過程中，一定要把握尺度。太糊塗，會讓人認為沒有主見；不糊塗，則會被人認為難以相處；恰到好處的糊塗，就能編織出良好的人際關係。

說話的智慧

難得糊塗，不是真糊塗。「難得糊塗」是處理人與人之間關係的妙方，尤其是職場中上下級之間的關係。在職場中，人們會受到這樣或者那樣的規則的束縛。有的時候，這些規則並不是人性化的東西，如何拒絕上級的一些不妥當的要求是一門學問。機智的部屬，在適當的時候做出糊塗的表現，可以化解尷尬，同時表達拒絕之意。

國家圖書館出版品預行編目（CIP）資料

說對一句，99%的事都能解決：說不出口、說了後悔、說不到重點……你可以一句話搞定。／李勁著；
--初版-- 臺北市：大是文化, 2020.12
304面；14.8 × 21公分. --（Think；208）

ISBN 978-986-5548-20-9（平裝）

1. 說話藝術 2. 人際關係

192.32 109014853

Think 208

說對一句話，99%的事都能解決

說不出口、說了後悔、說不到重點……你可以一句話搞定。

作　　者／李勁
責任編輯／蕭麗娟
校對編輯／林盈廷
美術編輯／林彥君
副總編輯／顏惠君
總 編 輯／吳依瑋
發 行 人／徐仲秋
會　　計／許鳳雪
版權經理／郝麗珍
行銷企劃／徐千晴、周以婷
業務專員／馬絮盈、留婉茹
業務經理／林裕安
總 經 理／陳絜吾

出 版 者／大是文化有限公司
臺北市 100 衡陽路 7 號 8 樓
編輯部電話：（02）23757911
購書相關資訊請洽：（02）23757911 分機 122
24 小時讀者服務傳真：（02）23756999
讀者服務 E-mail：haom@ms28.hinet.net
郵政劃撥帳號／ 19983366 戶名／大是文化有限公司

法律顧問／永然聯合法律事務所
香港發行／豐達出版發行有限公司 Rich Publishing & Distribution Ltd
地址：香港柴灣永泰道 70 號柴灣工業城第 2 期 1805 室
Unit 1805,Ph .2,Chai Wan Ind City,70 Wing Tai Rd,Chai Wan,Hong Kong
Tel：2172-6513 Fax：2172-4355
E-mail：cary@subseasy.com.hk

封面設計／林雯瑛
內頁排版設計／ Judy
印　　刷／鴻霖印刷傳媒股份有限公司
出版日期／ 2020 年 12 月初版
定　　價／新臺幣 340 元（缺頁或裝訂錯誤的書，請寄回更換）
ISBN 978-986-5548-20-9